在東亞跨界流離的人生

老兵的臺灣史

林玉茹　許蕙玟——主編
許仟慈　楊雅蓉　郭立媛　許雅玲——著

導讀

和解與共榮：亂世下臺灣老兵的歷史和啟示

林玉茹、許蕙玟

二〇二二年二月，俄羅斯侵略鄰國烏克蘭的烏俄戰爭爆發，世界局勢陷入動盪不安，戰火無情地延燒，摧毀無數家園，奪走難以估算的生命，迄今仍未止戈。然而，戰爭的殘暴，在二十世紀已然上演多次，由血、汗、淚及生命交織的每個戰場，留下無法挽回的遺憾和悲慘的歷史記憶。二〇二五年八月，我們更將迎接第二次世界大戰終戰八十年，本書即在這一背景下，透過四部在臺灣生存或有聯結的老兵故事，讓世人明白戰爭下沒有贏家。特別是那群在歷史波瀾下主動或被動加入戰場的底層老兵，共同遭遇亂世的愚弄，戰爭對他們及家人所造成的傷害益加殘酷，一生難以抹滅。我們更應記取教訓，永遠唾棄和譴責無端引起的侵略戰爭。

在戰爭亂世中，一切變得非常荒謬。我們很難想像，在中國戰場上雙方對峙的「敵人」，在朝鮮戰場變成一起作戰的「同袍」。敵人或同袍的關係，可能在不同時空下不斷被置換。這就是臺灣老兵的共同故事，卻始終不受所謂藍、綠政府重視的一段歷史。衡諸歐美各國往往有緬懷兩次世界大戰的村級到國家級的戰爭紀念碑，臺灣至今，卻連國家級的紀念碑都不存在，無法提供曾經一起經歷過大時代磨難的這群老兵、家屬以及國人共同和解、憑弔及反省的場域。

本書就是企圖以說故事的方式來呼籲重視這段歷史，促成不同時期來到臺灣的族群可以互相和解，持續共創共好共榮的未來。書中所定義的老兵，主要是指一九三七年七月中日戰爭爆發至一九六〇年代在東亞各戰場顛沛流離，最後來到或回到臺灣的軍人，少數則是在中華民國政府遙控或連繫下，最後不得不留在「異域」生活的。他們有的是被日本殖民帝國動員，而到中國、東南亞參戰的軍夫、軍屬及軍人；有的是從中國或東南亞隨國民黨政府播遷撤退臺灣的國軍。最後，原來敵對的雙方，卻在國（國民黨）共（共產黨）內戰或韓戰期間變成同袍。更弔詭的是，他們的身分又因為征戰勝敗後的不同際遇而戲劇性地轉換，有時是日本軍、有時是共產黨軍（共軍）、有時是中華民國的國軍。身分的流動性，正是這群生在戰爭亂世時代青年可能的共同遭遇。也因此，為了如實地呈現臺灣老兵歷史脈絡的差異性，本書便宜行事，以原生地和最初從軍身分，區分成臺籍日本兵和中國老兵兩大類。

本書分成四大部分，每一部由六個故事組成，特別關照不同性別的角色及戰爭生活，而由四位經過歷史學研究所專業訓練的作者分工完成。他們非常努力地蒐集一手史料或相當嚴謹的學術性成果，轉譯成一個個動人的真實故事，以呈現大世代的悲劇和荒謬。第一部，由許仟慈撰寫，娓娓道來臺籍日本兵在中國戰場的故事。第二部由楊雅蓉負責，敘述臺籍日本兵在南洋戰場以及戰後戰犯審判的經歷。第三部，由郭立媛撰稿，歷數中華民國政府的軍隊如何播遷來臺以及在臺灣落地生根的故事。第四部由許雅玲擔綱，針對較不為人知，離散在香港、越南及韓國等東亞各地中國老兵的故事。以下一一介紹各部的精華片段。

第一部，最先敘述第一批臺籍日本兵，如何在日本殖民政府勸誘下，前往中國戰場擔任軍夫，卻被送到最險峻的戰區，以至於不少人從此踏上不歸路，魂斷異鄉。安平十二軍夫墓正是歷史鐵證，也是最悲傷的故事。以「臺灣農業義勇團」應召前往中國的臺灣青年，則依靠農業專長，在戰場扮演「鐵鍬勇士」的角色，努力開闢農田、種植蔬菜，為衝鋒陷陣的士兵補給醃製菜類。二戰結束後，原本隨日軍至海南島的臺籍軍屬或技術人員，被中華民國政府接管後，安置於集中營，卻由於物資極度匱乏和傳染病而死傷累累，「返鄉」(返回臺灣)是他們唯一的渴求，縱然海上行船險象環生，仍憑藉生存意志，自行集資僱船回臺。從東亞各地順利返臺的臺籍日本兵，又因國共內戰爆發，成為國軍，抑或被俘成為共軍，「一生軍旅，為誰而戰？」，卻無人能給他們答案。一心嚮往中華民國，加入軍隊的陳永華的故事，相當引人注目。他隨國軍四處征戰，在被共軍俘虜後，一九五〇年韓戰爆發時再度前往前線作「砲灰」，卻成為聯合國軍隊的降俘。基於臺灣人的特殊身分，回臺後被塑造為「反共義士」，是中華民國政府反共抗俄宣傳列車最重要的明星。然而，陳永華是非常幸運的個案，那些長期滯留中國的臺籍老兵，回家的路始終遙遙無期。老兵許昭榮雖然持續為這些參與國共內戰，而無法返臺的老兵發聲，不斷向政府陳情，希望當局重視臺灣兵為戰爭犧牲的這段歷史，最後更不惜自焚以證，才喚回地方政府的關注，「戰爭與和平紀念公園」的誕生，成為憑弔這群「無名英雄」的處所。臺籍日本兵在二次世界大戰和國際冷戰局勢下，不僅返臺之路艱辛，更因戰局丕變下多重身分的轉換，而不斷上演時代荒謬劇。

第二部，以前往南洋的臺籍日本兵為核心人物，他們因受到殖民國家教化和徹底動員，在志願或非自願的情況下踏上南洋戰場。最先被動員的是，非正規軍、連最低階的軍屬都算不上的軍夫。他們主要從事軍事建設、軍需作物耕種及雜務等後援補給工作，名義上則有「特設勞務奉公團」、「特設勤勞團」及「戰俘監視員」等身分。然而，隨著前線戰況吃緊，戰力不足，日軍開始將這些軍夫編成特別教育隊，而被迫成為持槍的士兵。拉包爾戰地的臨時戰鬥員，即是被動地、匆匆投入戰場，也因此造成無數戰場上的悲劇。隨著戰局拖延和戰線延長，兵力短缺日益加劇，日本帝國進一步向殖民地臺灣課徵「血稅」，被殖民者轉以軍人身分加入戰局。為了補充南洋戰力，一群適應叢林與高山的原住民族（高砂族），最早被徵召前往菲律賓巴丹島作戰，協助日軍打贏美國軍隊，而被稱為「高砂義勇隊」。之後，殖民政府多次讓高砂族青年前往新幾內亞和摩羅泰島等地作戰，甚至被迫以「玉碎」換取雷伊泰灣海戰的勝利，導致傷亡慘重。戰爭接近尾聲之際，一批批從臺灣徵調上戰場的陸軍特別志願兵、海軍特別志願兵，乃至徵兵制下陸續到南洋作戰的臺灣兵，既面臨無情戰火的荼毒，也出現患難見真情的異國戀。種種悲歡離合的戰爭生命史，是這群老兵共享的歷史記憶。除了「類正規」或正規軍隊之外，殖民者的戰爭動員是全面性、不分性別的。進行醫療救援的看護婦和軍醫，因而走向戰場，救人無數，卻也在心中留下難以復原的傷口，尤其面臨敵襲，目睹同事被炸得體無完膚，又要處理陣亡士兵的屍骸，戰爭現場的慘烈，永遠是我們難以想像的人間地獄。那些前往南洋擔任戰俘監視員的臺灣人，則承受二戰結束後最不堪的待遇和冤屈。戰時只是低階且非正規軍的他們，在日本軍官指揮和命令之下，不得不虐待或殺害俘虜，戰後卻受到盟軍軍事法庭審判，竟然成為B、C級戰犯，甚至魂斷異鄉。上述廣義的臺籍日本兵，以不同身分前進南洋，經歷生死交關的種種場景，即使際遇不同，戰爭災難的烙印卻完全一致。

第三部，以從中國來到臺灣的老兵為主角。一九三七年，中日戰爭爆發，初期基於民族意識的驅使，不少中國的熱血青年、游擊散兵、難民及失業青年，紛紛投入從軍救國的行列。然而，隨著戰事日益緊張，兵力不足越來越嚴重，為補充兵員，政府以「抽壯丁」方式強制向農村徵兵，卻造成逃兵或冒名頂替現象層出不窮，更持續至國共內戰期間。在國軍和共軍相互強拉壯丁上戰場之下，有許多非自願當兵的人，被迫穿上軍服，從此離開家園和摯愛親人，成為大時代的犧牲者。不過，也有一批受到「一寸山河一寸血、十萬青年十萬軍」愛國口號的震撼，進而響應的青年軍。女青年大隊即受到萬千矚目，由孫立人將軍在臺灣設立訓練基地，期許他們不讓鬚眉，發揮前線救護與後勤力量。最後則因應政治現實，歷經軍事及專業教育淬鍊的女青年，在臺灣落地生根，並在軍隊、民間或學校教育大展長才。鏡頭再轉換另一場景，一九四九年國軍在中國戰場一再失利，港口碼頭擠滿逃難的軍民，來臺船票卻是千金難求，有幸上船者，也不見得能安然渡海。「黑水溝」（臺灣海峽）難渡的歷史不僅再次重演，更掀起臺灣史上最大一批的移民潮。從袈裟換穿軍服的佛教僧侶，是大撤退中的特例，臺灣四大佛教道場法鼓山創辦人、高僧聖嚴法師的故事，引人入勝。又隨著共軍勢力逐步擴展到中國沿海地區的諸多島嶼，舟山島和大陳島的軍民因此被迫全數撤離，由政府安置在臺灣各地展開艱困的新生活。一九五〇年代，政府為解決軍中過剩員額問題，一九五四年設立「國軍退除役官兵輔導委員會」，輔導退除役官兵的就業與安置問題，興建橫貫公路、在山地或河灘地開闢農場，成為「榮民」們的工作。然而，被派至後山臺灣東部開墾土地，卻相當不易，即使日本殖民時期都無法完成的任務，端賴他們胼手胝足打造石頭新家園。我們可以看到，這群從中國撤退來臺的老兵，一方面迫於時勢，在各種情況下被迫或志願再度走上戰場；另一方面來臺過程倍極艱辛，抵臺後又面臨多重的現實問題，突顯戰爭災難持續延燒，而為他們鑄下一頁頁獨特的生命史。

第四部，是離散在東亞的中國老兵的部分紀錄。離散在泰國、緬甸邊界的國軍，因「異域」這部電影一炮而紅，才讓國人關注這群國共內戰下的「孤軍」。然而，除了泰、緬邊界，本書限於篇幅，特別著重較罕為人知的故事。與歷經萬難渡臺的軍民相比，確實有一群中華民國軍民卻終其一生像失根的浮萍，成為被戰爭遺忘的棄民；或者輾轉流離多年，好不容易回歸中華民國政府所在的臺灣；甚至他鄉變故鄉，由戰爭難民到定居他國，這是位於香港調景嶺、越南富國島及南越海燕特區中國軍民的共同寫照。那些因國共內戰波及下，轉進香港的中國軍民，備受英國政府猜忌，也造成當地不小的社會問題，只好暫時將難民安置於調景嶺。他們原以為可順利由中華民國政府引渡回臺，卻在國民黨政府的政治戰略考量下，調景嶺成為在香港的反共據點。臺灣政府雖不時資源接濟，但始終不願意全面處置，導致這些難民逐漸融入香港社會，落地生根。而黃杰將軍率領的國軍第一軍團，在一九四九年底逃入越南，之後又有其他部隊、民眾及眷屬加入，至一九五三年已有三萬人之多。不過，由於法國、美國及中華民國三方在冷戰局勢下，各有不同軍事考量，導致留越國軍長期滯留越南。直至一九五三年，滯越軍民才分批被引渡回臺。臺灣各地富臺新村的出現，即是為了安置這些從越南富國島來臺的軍民。同一時期，阮樂化神父的個案，則是出自於為自己和鄉親建立據點，在國共內戰下逃至越南，卻因為當地共產黨勢力蔓延，法國亦無協助難民的意願，所以他們一路往南，至今柬埔寨一帶的仕倫縣，終於落腳。之後，又因越南共和國成立，他們自組軍事組織長期在南越協助抵抗共產黨，直至一九七五年越共擊敗越南共和國，南北越統一後，阮樂化才來到臺灣。他以立委身分，持續為數以千計的越南僑生作保，讓他們得以遷往臺灣就學、定居，免於越南共產黨的統治。再轉場到東北亞的朝鮮／韓國。一九五〇年六月，韓戰爆發後，被中華人民共和國（中共）派至前線的中國人民志願軍，部分士兵為聯合國軍隊所俘虜。其中，有一批戰俘堅決選擇投奔中華民國，而被臺灣政府以「反共義士」來大肆宣傳。其實他們選擇來臺，背後因素非常複雜。他們多數曾經是國民黨軍人，卻因在國共內戰下被動員，如同前述，常因戰局丕變而不得不於國、共兩個陣營中流轉。來臺後，這群反共義士卻因有共軍的經歷，為臺灣政府所猜忌，因而被監視，甚至牽連入獄。我們再次看到，從二次世界大戰到國共內戰下，受到戰火波及而流離失所的中華民國政府的軍民，受到國際冷戰局勢的衝擊，如國際棄兒般浪跡東亞，卻仍極力尋找沒有戰爭的家園、可歌可泣的歷程。

除了獨裁者的有心操弄而發動侵略戰爭之外，人與人之間的衝突，往往來自彼此的誤解和缺乏同理心。本書希望透過這四部故事，呈現共同經歷過二次世界大戰和一九六〇年以前世界冷戰局勢下在臺灣老兵們的歷史，以記憶和反省大時代的刻痕，記取戰爭災難的教訓。更重要的是，拋磚引玉，打破種種族群間的誤解或偏見，也殷切地期待在這塊寶島生活的所有人，珍惜大家共同締造的繁榮和幸福。

目次

導讀　和解與共榮：亂世下臺灣老兵的歷史和啟示／林玉茹、許蕙玟　3

第一部　臺籍日本兵在中國戰場／許仟慈

一、安平子弟齊出陣：第一批赴外作戰的臺灣軍夫　18
二、戰場上的「旁觀者」：臺灣農業義勇團　32
三、「等到回臺灣的那日！」海南島臺灣兵的生存戰役　44
四、一生軍旅，為誰而戰　55
五、搖身一變成為反共明星　64
六、致無名英雄的輓歌　77

第二部　前進南洋的臺籍日本兵／楊雅蓉

一、烽火下的南進：招募與動員　92
二、支援前線，打造南方：特設勞務奉公團與特設勤勞團　108
三、征戰叢林：高砂義勇隊　121
四、陸、海戰記：特別志願兵　134
五、戰地的白衣天使：看護婦與軍醫　147
六、夾縫中求生存：從戰俘監視員變戰犯　164

第三部　來到臺灣的中國老兵／郭立媛

一、糊裡糊塗變成兵：軍隊拉伕　188
二、知識青年從軍去：青年軍　200
三、現代花木蘭：女青年大隊　214
四、顛沛流離到臺灣：一九四九年大撤退　230

五、那一夜，他鄉變故鄉：舟山、大陳島撤退　245
六、後山墾荒：打造石頭家園　262

第四部　流離在外的中國老兵／許雅玲

一、遙遠的眷村：香港調景嶺　280
二、消融於香港社會的「嶺上人」　293
三、越南富國島上的囚禁歲月　304
四、從越南富國島到富臺新村　315
五、飛到南越的海燕：阮樂化　324
六、時勢造英雄：韓戰「反共義士」的興迭　341

第一部

臺籍日本兵在中國戰場

許仟慈

一、安平子弟齊出陣：第一批赴外作戰的臺灣軍夫

熱鬧喧囂的安平開臺天后宮旁，僅僅幾步路的距離便是俗稱湯匙山的安平公墓，數百年來安平先民的墓地參差錯落。一九三七年動盪漸起的時代下，一群安平的青年作為日軍的軍夫，被送往最險峻的戰場。魂斷異鄉的軍夫，僅有少部分的遺物最後能重返故土，並長眠於此。

中日大戰如火如荼

一九三一年，日軍發動九一八事變，迅速攻占中國東北，並於隔年扶植成立滿

洲國，自此，日軍點燃的戰火日益擴大，各地硝煙四起。直到一九三七年七月，駐華北日軍在北平郊外的蘆溝橋進行演習。七日晚間，日軍以士兵失蹤為由要求進入宛平城裡搜索，遭國民政府宋哲元將軍率領的二十九軍拒絕後，遂起兵進攻宛平城，是為蘆溝橋事變。事變越演越烈，掀開了中日全面戰爭的序幕。

日軍的目標是向亞洲大陸擴張，而中國僅是其計畫的一部分，因此日軍發下豪語，三個月即能取下整個中國大陸。為達目的，日軍調動大量來自東北以及日本內地的軍隊增援，亟欲速戰速決。日軍首先攻下北平、天津；八月後，日軍旋即往上海開闢另一條戰線，爆發淞滬會戰（八一三事變）。然而，卻遇上了國民政府底下受德式訓練的第八十七師、八十八師，雙方在上海僵持三個月之久。前線戰況吃緊，日軍首次向殖民地調動軍援，駐臺灣的日本軍被派遣至上海戰線，然而因為駐臺日軍未配置輜重部隊，進而向民間徵調軍夫，支援軍事後備。一九三七年底，有多達八百五十名臺灣人受徵召赴中國，跟著日軍征戰。其中，有半數以上來自臺南安平，他們是投入對外戰爭的第一批臺灣軍夫。

來自安平的青年們

身披赤紅佩帶，我們是榮譽的軍夫；
多麼高興啊！堂堂的日本男兒，
男兒一命，獻予天皇，
爲了國家，何惜此軀！

為什麼會有這麼多安平的青年願意擔任軍夫？是不是正如傳唱的愛國歌曲〈榮譽的軍夫〉一般，青年們為了日本天皇、為了祖國，背負著軍夫的使命投身戰爭，而深感光榮？有一說是一九三七年九月上旬，時任臺南安平區的區長島津秀太郎，為響應中央徵調並宣揚該區皇民化教育之成功，遂向臺南市役所建言徵調安平地區人力。爾後，透過駐紮於臺南的日軍第二聯隊的士兵、派出所的巡查、街庄公所的官員以及保正挨家挨戶地發送徵調令。每位正值壯年的男子都可能收到這份沉重的通知，在許多家庭中，不僅兄弟，甚至父子同時收到徵召，他們被迫於次日帶著最簡單的行囊，前往位在臺南後火車站的第二聯隊報到、受檢。

另一方面，由於強徵方式引起民眾不安，日軍又以高報酬吸引臺灣青年「自願」報名。由於安平地區居民多以漁業及鹽業維生，但這些產業深受季節因素影響，淡季時，安平人也會從事短期的勞動工作。當時，無數當地青年們聽聞，日軍招募「勞務工人」，並給予每日一圓半的高額報酬，紛紛踴躍登記參加軍夫。其中，也包含有何亦盛與何亦傳兄弟二人。

何家兄弟隨同其他的安平子弟前往第二聯隊檢查身體。部隊進行例行的問話後，合格者當即編組入伍，未再令其返家。然而，何家兄弟一直到當晚才知曉，他們並不是在臺灣做工，而是隔日要搭車前往基隆。兩人頓時驚愕不已：「去基隆那不就是要出海？難不成我們真的要被送去中國打仗嗎？」兄弟倆因為認識的左鄰右舍都一同在臺南的軍隊進行勞務工作，稍感安心之際，誰料日軍卻是要將他們帶往戰場，這還有餘命回家嗎？一時間眾人面面相覷、人心惶惶，然而事已至此，也無力改變現實，只能相互慰藉。這群安平子弟們連夜搭火車趕赴基隆，搭上運輸船，經歷數日的舟車勞頓，終於抵達中國揚子江口的羅店鎮。抵達後，他們卻在未受任何軍事訓練的情況下，直接被分入部隊，從此踏上晦暗不明的征戰之路。

危機時刻

何家兩兄弟分屬到不同部隊，弟弟何亦盛被編入中支派遣軍聯隊本部平田部隊黑田支隊。臺灣軍夫主要負責工作是搬運補給至前線。日軍正與中國軍隊在羅店鎮嘉定展開激戰，雙方勢均力敵，戰況極為慘烈，最終日軍雖傷亡無數仍成功取下兩地。何亦盛便又隨著軍隊前往上海市中心，戰火焚身的上海已是空城，當地的住民都為了避難逃離到鄉下。到了上海，何亦盛等軍夫們獲准寫信，同時拍下穿著軍裝的照片回家報平安。

淞滬會戰告終後，日軍計畫直搗武漢，欲徹底摧毀中國的抗戰指揮中樞。軍隊再度啟程，馬不停蹄朝中國內陸移動，途經鎮江、無錫、江陰、安慶、九江，最後抵達武昌。

長達八百多公里的征途上，難免遭遇敵軍襲擊。一九三八年十一月，何亦盛隨部隊駐紮於九江時，遇上了大空襲，剎那間槍林彈雨，只能拼命地向另一邊的部隊奔跑。沒想到到了該處，再次遭到掃射，眾人只能再往回跑，一時間無處可躲。何亦盛面臨生死交關之際，只能眼睜睜看著身邊的同伴遭槍彈擊殺。直到日軍的飛機趕至迎戰，才化解了這場驚險萬分的危機。

還有一次，何亦盛與另一名軍夫隨著兩名士兵一同運送補給到前線。途中遭遇一隊中國士兵。日軍士兵隨即應戰，日軍訓練有素，轉眼間撂倒二十多名中國士兵。而沒有武器也沒有戰鬥能力的軍夫，面對突如其來的攻擊幾乎無力抵抗，僅能在一旁觀戰。安平軍夫雖從未見過戰爭，上戰場前也從未受過軍事訓練，卻能一一地完成日軍要求的運輸任務，這讓日本人極為讚賞他們的勇敢。然而根據記者竹內清的報導，日本人部隊長曾提到：「即便砰砰地子彈飛來，他們仍能平靜地挺直身子搬運彈藥。直到『彎腰』的一聲喝斥後，他們才漸漸放低身子，與其說是勇敢，倒不如說他們對槍砲彈藥的觀念薄弱。」因為軍夫不懂子彈是傷人的武器，自然不覺得害怕。

在武昌駐紮數月後，部隊被調回臺灣。滿載著軍夫的船隻終於重返臺灣。何亦傳選擇此時退伍，而

一九三七年何亦傳與何亦盛兄弟合影。（圖片來源：安平文教基金會提供）

何亦盛則決定繼續留在部隊，並再度前往中國戰場，又過了四、五個月，直至徵調滿兩年後才正式退伍。

戰火停歇以後

何亦盛雖然在烽火下得以劫後餘生，然而戰火無情，許多軍夫最後卻未能活著回到故鄉，只有幾束頭髮或是指甲被運回臺灣，埋葬在安平湯匙山的公墓。一九三八年五月六日，舉行九位軍夫的埋骨典禮，隔年又再安葬三位戰死軍夫。一九三九年，安平區街庄、臺南州廳到日軍第二聯隊，陸續舉行慰靈儀式，憑弔魂斷異鄉的安平軍夫，其他的民間單位如臺南佛教會，也捐獻石燈籠，將其豎立安平軍夫墓前參道的兩旁。何亦盛也曾跟著倖存的軍夫一起至軍夫墓參拜。

一九三九年以後，殖民政府對於安平軍夫的關注並未隨著時間消散。他們作為第一批為了「祖國」出戰，甚至捐軀灑血的殖民地軍夫，自然成為了「戰爭美談」，為的是鼓舞更多臺灣的青年子弟燃起愛國心，為國盡忠報效。安平區多次舉行軍夫

今昔之安平十二軍夫墓。（圖片來源：上圖為安平文教基金會提供；下圖為筆者提供）

慰安會，召集倖存的軍夫及其家屬，請來樂團、連環畫劇（紙芝居）表演，辦理座談會傳遞作為「軍夫的覺悟」、「投報國家是人民的幸福」等理念。

《臺灣日日新報》也曾經以安平軍夫的遺族為對象報導，談論在父親過世之後，子女投身杏林，以報效國家為志業。一九三八年，朝日新聞記者曾以〈夕陽中的悲哀，孩子火光中葬送親人。親子同赴戰場，臺灣出身軍夫壯烈犧牲〉為題報導軍夫陳養在羅店鎮因病殉職，其子陳阿雲隨侍在側。陳養在病榻前說道：「因病而死實是非常對不起國家，我死後，你要代替我做兩人份的工作，為國鞠躬盡瘁。」陳阿雲不負父望，更加努力報效軍隊，被讚譽為「楠公父子再現」。陳養父子的故事，亦被收錄至一九四三年公學校初等科修身科的教科書中的「軍夫父子一心報國」。

安平軍夫的出征是臺灣人參與中日戰事的序幕。接下來長達八年的戰爭，有超過二十萬臺灣人，其中軍夫軍屬高達十二萬人。戰爭的影響之大，改變的何以僅限這二十萬人，戰時愛國歌曲〈軍夫之妻〉這麼唱著：

在翠綠的山丘上你離開的身影

你曾經說過的至死方歸
如今也在我耳邊迴盪
軍夫的妻子　日本女人的命運
如果如花兒般凋謝　請不要爲我哭泣
請不要爲我哭泣

不管是第一線參與戰爭的軍夫，還是在故鄉臺灣守候的親人們，每個人都有自己版本的戰爭故事。然而，時光荏苒，開臺天后宮旁的「安平十二軍夫墓」早已不見當年的肅穆隆重，參道及石燈籠皆因周遭墓地的擴建而消失，僅剩十二個墓碑整齊地排列著，時間悄悄地抹去了人們對於安平軍夫的記憶。一直到二〇一〇年清明節，當地的文史工作者邀請軍夫及其家屬現身

安平軍夫陳養之墓，左圖為正面，右圖為背面。墓碑的背後刻有陳養的生平。（圖片來源：筆者提供）

說法，才終於揭開了隱藏將近八十年的過往。如今，安平文教基金會每一年都會舉辦「軍夫祭」，和相關的展覽活動，期許安平老兵們的故事能繼續傳唱後世。

★軍夫

軍夫並非正規軍人，而是受到軍隊徵召或是僱用，從事運輸補給糧食、彈藥等後勤工作。早在一九二〇年，日本殖民政府頒布的《臺灣徵發令》，規定總督府得徵用臺灣人從事後勤補給，例如霧社事件時，便有徵調臺灣人的記錄。然而，在位階嚴明的日軍軍隊當中，軍夫的地位極為低微，甚至不如軍馬、軍犬。因此政府為了鼓勵臺灣人願意投身軍旅，軍夫的薪資待遇比起正規軍要高出五倍之多，因此成功吸引許多為了改善生活而來的臺灣青年。

★中日戰爭時期的愛國歌曲

你知道〈雨夜花〉還有個名字是〈榮譽的軍夫〉，而〈月夜愁〉又曾經被稱為是〈軍夫之妻〉嗎？一九三三至三四年這兩首歌曲由周添旺、鄧雨賢兩人強強聯手製作，並由當時鼎鼎大名的女星純純傾情演繹，迅速成為流傳甚廣的經典。然而，一九三七年之後，臺灣總督府在臺灣推行皇民化運動，由於政府大力推行國語政策，臺語歌曲不斷遭到打壓而消失，但是他們的旋律竟又以另外一種方式重生。一九三八年，許多在臺灣家喻戶曉的歌曲被改編為軍歌，用著臺灣人最為熟悉的旋律，唱著對於「聖戰」的慷慨激昂，激勵臺灣人為國犧牲的決心。

參考書目

近藤正己
二〇一四，《總力戰與臺灣：日本殖民地的崩潰（上）（下）》，臺北：國立臺灣大學出版中心。

李展平等
二〇〇五，《烽火歲月：台灣人的戰時經驗》，南投：國史館臺灣文獻館。

吳亮衡
二〇二一，〈烽火下的軍夫軍屬，被埋葬於時代的喧囂中〉，故事StoryStudio主編，《不能只有我看到！臺灣史上的小人物大有事》，臺北：圓神出版。

周婉窈
二〇〇三，〈日本在臺軍事動員與臺灣人的海外參戰經驗〉，周婉窈主編，《海行兮的年代：日本殖民統治末期臺灣史論集》，頁一二七—一八四，臺北：允晨文化。

徐中約著，計秋楓、朱慶葆譯
二〇〇一，《中國近代史（下）》，香港：香港中文大學。

陳柏棕
二〇〇六，〈日治時期臺籍日本兵任務及其境遇之探討：以分派至中國、南洋戰區爲例〉，《新北大史學》第四期，頁三三—五三。

陳柏棕
二〇一六，〈中日戰爭期間的第一批臺灣軍夫：李昌盛、許恭來口述歷史〉，《臺灣文獻》第六十七卷第一期，頁一六七—二〇六。

張玉法

一九七八，《中國現代史》，臺北：東華書局。

財團法人安平文教基金會，〈被遺忘的二戰史：安平軍夫〉，《國家文化記憶庫》

https://memory.culture.tw/Story/Detail?IndexCode=member_story&Id=569

蔡錦堂

二〇〇九，〈日治時期臺灣公學校修身教育及其影響〉，《師大臺灣史學報》第二期，頁三—三二。

〈誉れの軍夫〉，《臺灣音聲一百年》，https://audio.nmth.gov.tw/audio/zh-TW/Item/Detail/c67233b4-1c65-4931-977d-a6b3c7a3f479

〈軍夫の妻〉，《臺灣音聲一百年》，https://audio.nmth.gov.tw/audio/zh-TW/Item/Detail/7ef49a14-4f8e-49a3-9ba8-19d440a997a1

竹內清

一九四〇，《事變と臺灣人》，臺北：臺灣新民報社。

《臺灣日日新報》

二、戰場上的「旁觀者」：臺灣農業義勇團

中日戰爭爆發後，日軍戰火猛烈，戰場迅速擴大，一九三七年中旬起，廣招臺灣軍夫，派遣至中國從事雜役、運輸物資及軍火。接著又陸續以「臺灣農業義勇團」、「臺灣特設勞務奉工團」、「臺灣特設建設團」等名義，在臺灣徵召具農業、建設或具語言及翻譯能力的青年前往中國。其中，最早出現的便是「臺灣農業義勇團」。

自蘆溝橋事變以降，日軍接連發起松滬會戰、武昌會戰，國民政府節節敗退，漸往內陸退縮。棄守的地區雖然成日軍的占領地，無奈國民政府採取焦土政策，燒毀被占領區的農地，驅離農民，導致日軍無法在現地取得物資補給。因此，日軍必須自行在當地發展農業，生產糧食以供戰場迫切需求。

一九三八年二月，臺灣總督府派遣臺北帝國大學教授磯永吉、奧田彧，以及臺

北農事試驗場技師的熊澤三郎等人前往中國進行農業探勘，並編寫完成了《軍用蔬菜栽培書》、《軍用蔬菜栽培指針》。經歷中央與地方的多方協調後，在四月一日，日軍正式向臺灣總督府提出請求，派遣農業指導員數名及農夫約一千名至上海進行農務，並分為五州隊：臺北、新竹、臺中、臺南、高雄，每州隊二百人，稱為「臺灣農業義勇團」。

總督府對於這批「臺灣農業義勇團」有嚴格的招募條件。一九三八年四月三日，總督府在《臺灣日日新報》刊登招募訊息，規定應徵者：年齡要在二十歲左右，具有農作經驗，素行端正、身體強健。每日支給一圓薪資，前六個月另有準備金的加給。為期一年的任務結束後，即可返回臺灣。酬勞頗高，幾乎與當時臺灣基層員警的薪水相當，而且更有傳聞完成一年任務後，如希望繼續以農為業者，還可以獲得土地分配，一時間青年男子爭先恐後向役所報名，應募的人數近三千名，以二十四、二十五歲人居多。一九一四年出生宜蘭頭城的作家李榮春，在他二十四歲時投身第一期義勇團，在他撰寫的小說《祖國與同胞》中，李榮春化身魯誠，滿懷著在殖民地無以宣洩的熱血沸騰，藉著「臺灣農業義勇團」，前往祖國盼能闖出一番的新事業，獲得更自由的發展機會。他眼裡所見的報名者：

個個都具有一副頑壯倔強的體魄。卻不都是純粹的農村青年，有許多實際上對於種植，並沒有絲毫經驗，大體都是掙扎著，爲欲擺脫被壓制的命運，逃出無處伸展底奴隸境界。

報名者需到郡役所進行嚴格的體格檢查與身家調查，面試時還會詢問其是否知道或參與政治團體，如臺灣文化協會。若曾經參與過相關活動，不但無法加入義勇團，更可能遭到追究。最終獲選者以公學校的畢業生，尤以農業傳習所的學生為多。除了志願以外，還有經抽調加入者，各州廳會從學歷較高的本島青年中，挑選作為部隊幹部培訓。

通過役所的考核後，合格者需參與一週的軍事訓練，結束訓練後再搭乘火車趕赴臺北。昭和十三年（一九三八）四月二十五日清晨，各州隊在三角埔農業傳習所會合後，齊聚總督府。總督府為了這群「鐵鍬勇士」舉行了盛大的授旗壯行典禮，在小林躋造總督高昂的訓詞後，第一期臺灣農業義勇團在團長熊澤三郎的率領下，搭上了軍用船，團員們迎著民眾的簇擁與歡呼，踏上征途。

磨呀玲瓏的日本精神
我等臺農一千健兒
踏上這已現黎明的大陸
希望高張，熱血奔騰
請接受吧　我等臺農一千健兒
用誠心灌注榮譽的蔬菜

然而，這場征途才開始即出師不利。船隻在海面上搖搖晃晃，且人員眾多、空氣稀薄，從未搭過船的軍夫承受不住而暈船。兩日後，一行人抵達上海後，隨即馬不停蹄前往目的地大場鎮，一路上放眼所見是飽受戰火摧殘而滿目瘡痍的家園，也會遇上令人怵目驚心的慘況，在李榮春筆下如此被描述：

只見壕裡還蓄些水，橫七豎八地倒疊著無數戰屍，盡是中國兵。這些死體都是生前對日軍抵抗到底的烈士們，不過，已經腐爛泡脹，難看得很；那許多形狀實在無法形容得出，看起來又眞可怕。有的斷了腳，有的胳膊不見了，也有四肢全部潰解。側著臉的，仰臥著的，也有伏著的，扭歪著頭咬緊著嘴的，有的好像在瞪著眼，獠牙露齒，眞不敢再看下去。有的連鼻子都沒有了，五官也再分辨不清了……多麼殘忍的戰爭啊。

壕溝裡無數殘破不堪的軀體，曾經也是有血有肉的靈魂，如今卻面目全非。看不慣如此血腥場面的軍夫無一不面色凝重，強忍著反胃感，繼續踏著沉甸甸的步伐前進。軍夫們一路

臺灣農業義勇團團徽。（圖片來源：國立臺灣歷史博物館提供）

舟車勞頓，心想到了目的地終於可以小歇一番，卻沒料到農場的土地竟是一片荒蕪。因為在中國的日軍趕不及提前修繕，不但生活用品短缺，甚至炊具都來不及備妥，連宿舍都敗破的稱不上是建築物，因為旁邊緊鄰著廣東人的墓地，殘破不堪的宿舍也隨之被稱作「廣東墓地」。

一行人浩浩蕩蕩卻只帶了五個臺灣鍋，要煮好一頓飯得花費五小時，而且由於當地的米含沙量太高，吃的時候竟還會發出「咖沙咖沙」的聲音。因為地下水泵浦損壞，又來不及挖掘井水，只能暫時過濾混濁的汙水飲用。惡劣的飲食、水土不服加上過度的勞累，縱使是鐵打的身體也撐不住。隊伍裡一連好幾個人病倒，然而義勇團並未配給軍醫，甚至連藥品也缺乏，只能將重病的軍夫用毛毯裹住，由幾個人背負著到二哩外的野戰醫院就診，期間更有二十名軍夫感染了瘧疾，可以說是禍不單行。

歷經千辛萬苦，在農場的設備逐漸備齊後，眾人的生活才逐漸步上正軌。從戰火燒盡的焦土到生機蓬勃的農地，得經歷數道繁瑣的步驟，鋤草、建置排水設施、播種等等。然而，農場初期還未購置耕田的水牛，僅能依靠人工犁地，在歷經兩個月的辛勤耕種後，六月下旬終於將第一批收成的蔬菜供給前線士兵。九月，從上海農場的軍農夫挑選人員，派遣到南京、紫金山農業實驗所等地拓墾。十二月底時，上海農場已經能穩定產出蔬菜，也規畫依季節變化生產不同的蔬菜。同時，為避免蔬菜生產過剩而腐敗，義勇團建造醃漬工廠，將蔬菜醃製後再運往前線。

軍夫們平日裡生活過得十分刻苦儉樸。每日工時長達十小時，每天早上工作前，會先升旗、遙拜皇居，還有個特別的儀式是要朝著臺灣的方向行感謝禮，象徵著不負鄉土。一般早上會先做農事，下午再進行步兵的基本訓練。農忙之餘，軍夫們都在做些什麼呢？為了緩解軍夫們的思鄉之情，各州的庄役所寄去慰問袋，裡面有衣褲、生活用品、來自家鄉的糕餅、罐頭等等。李榮春書中描述的慰問袋裡就有宜蘭特產的李仔糕、金棗糕。有趣的是，為了排解軍農夫們的苦悶，總督府農務課還曾發起徵收美女海報的活動，最終蒐集到四百張海報寄到上海。

此外，與當地人的交流也是戰場的日常。在國民政府的焦土政策下，居住在南京的中國農戶辛勤開闢的農田遭到破壞，他們被驅趕離開農地，爾後日軍占據大片土地以種植軍需糧食，農民無法再回到田裡繼續耕種。為了餬口，他們只能選擇和士兵打交道，做起簡單的買賣，或是受僱於日軍，為部隊洗衣服、理髮。除了獲得微薄的薪水外，也會將部隊裡吃剩的米飯曬乾後，製成米乾運至南京市場販賣。日本人會發放良民證給南京當地人，作為出入南京城的證明。由於來自臺灣的軍夫們，多數只會講日語、臺語，與當地人語言不通，僅能透過比手畫腳來溝通。

直到第二年（一九三九）六月，第二期臺灣農業義勇團分別進駐南京、上海、安慶、武昌、漢口等地。接替第一期團員的工作後，一九三九年八月二十日，第一期農業義勇隊團員共七百二十人返回臺灣，其餘團員則繼續留在農場，或是改調警備隊、其他部隊的通譯，亦有轉任其他農業相關機構，如華中棉產改進會當中，有十六名技術員出身自農業義勇團。各州隊團員返臺後在總督府前舉行解散儀式，最後陸續回歸故鄉。而完成一年期任務後的李榮春短暫返回臺灣又回到中

臺灣農業義勇團南京分場菜園照片。（圖片來源：中央研究院臺灣史研究所檔案館典藏）

國，一直到一九四六年才又返臺。他描寫戰爭經驗的半自傳式小說《祖國與同胞》完成於一九五二年，當時李榮春才三十九歲。隔年李榮春獲得「中華文藝獎金委員會獎金」，窮盡一生致力寫作。

「鐵鍬勇士」不是提槍浴血奮戰的士兵，他們拿著鐵鍬在冷酷無情的沙場上，開闢一處處的綠意盎然。從他們的眼裡，我們看到了戰爭下不同於刀光血影的另一個面貌，記錄著臺灣青年們的艱苦與奮鬥。

★慰問袋

為了鼓舞在前線作戰的士兵們，讓他們在戰火紛飛中有片刻的心靈慰藉，由愛國婦人會為核心，還有在鄉軍人會、桔梗俱樂部等後援團體一同募集資金，同時也由愛國婦人會各地支部的會員起頭，帶領婦女們縫製慰問袋，而鄰近學校的女學生，甚至小學生們也都加入製作慰問袋的行列。

慰問袋裡到底要放什麼呢？到底要送什麼東西才會讓前線的士兵們感到開心呢？這可是大學問！這個問題在婦女雜誌上無數次被討論，甚至為了讓民眾更理解慰勞品的重要性，還辦理了時局海報與慰問品展，以及由愛國婦人會開辦的慰勞品相談所。

考慮到士兵們在南洋戰區，面臨著炎熱天氣和食物保存的困難，選擇一些不易腐敗的乾燥點心、罐頭為第一首選。為了讓士兵們在寂寥苦悶的日子有些慰藉，還會放入新聞雜誌以及從各地蒐集而來的美女照片，讓士兵們暫時忘卻戰爭的艱苦，排解鬱悶情緒。而其中最重要的還是如何讓他們能感受到來自家鄉深厚的情感和祝福，婦女們製作背心、襪子，以及虔心向神佛求來的護身符等，還有女學生們一心一意寫下的慰問信、孩童們畫的畫，這些物品的價值雖然都不高，可是卻滿懷著對前線士兵們的無限敬意與關切。曾經也有貧窮的少女，她沒有錢可以購買精美的慰問品放入袋中，只能將她僅有最珍愛的娃娃，還有一封手寫信放入其中，這份簡單而真摯的心意，讓前線的士兵深受感動熱淚盈眶。高雄州的高砂族青年們，利用當地盛產的月桃葉製作出煙草，還有其他自山上摘取的材料製作成其他精美的手工藝品，還有慰問畫、慰問文以及拍攝他們生活樣態的照片放入慰問袋中送到前線。手作的誠心，還有親筆寫下的心意，這些來自遙遠家鄉的心靈支持是最好的禮物。

參考書目

吳明宗

二〇一七，〈重讀李榮春：論《祖國與同胞》的身分編輯與戰爭觀〉，《臺灣文學研究學報》第二十四期，頁七—四〇。

李榮春

二〇二二，《祖國與同胞（上）》，臺中：晨星出版。

近藤正己

二〇一四，《總力戰與臺灣：日本殖民地的崩潰（上）（下）》，臺北：國立臺灣大學出版中心。

周婉窈

二〇〇三，〈日本在臺軍事動員與臺灣人的海外參戰經驗〉，周婉窈主編，《海行兮的年代：日本殖民統治末期臺灣史論集》，頁一二七—一八四，臺北：允晨文化。

張靜宜
二〇一四，〈鋤頭博士：農業義勇團〉，《臺灣學通訊》第八十期，頁二四—二五。

間方正之
一九四二，《臺灣農業義勇團誌》，臺北：臺灣農會。

鄭麗玲
一九九四，〈不沉的航空母艦：台灣的軍事動員〉，《臺灣風物》第四十四卷第三期，頁五一—七七。
一九九五，《台灣人日本兵的戰爭經驗》，臺北：臺北縣立文化中心。

〈昭和十三年臺灣農業義勇團支那事變從軍紀念章〉，《典藏網》，https://collections.nmth.gov.tw/CollectionContent.aspx?a=132&rno=2004.001.0128。

《朝日新聞クロスサーチ》

《臺灣日日新報》

竹内清
一九四〇，《事變と臺灣人》，臺北：臺灣新民報社。

三、「等到回臺灣的那日！」：海南島臺灣兵的生存戰役

陽光明媚、椰影婆娑，一望無際的蔚藍海岸，瀰漫濃濃熱帶風情的海南島，長久以來一直是世界各國遊客們的度假勝地，還有著「中國夏威夷」的美譽。然而，當我們把鏡頭拉回到八十年前，海南島卻曾是臺灣人民的噩夢一場。

日本人的軍用狗？

中日戰爭時期，超過兩萬名的臺灣人前往海南島。他們是軍人、軍屬、通譯、技術人員及勞工，前往海南島協助日本政府進行產業調查與開發、參與基礎建設，

如港口及鐵道的修築，並從事瘧疾及熱帶醫學的研究。其中也不乏有女性的身影，她們作為看護婦投身戰場後勤。一九四五年，日本戰敗後退出海南島，而留在當地的臺灣人被中華民國陸軍總司令部接管。曾經參與過日本軍務的臺灣人被集中管理，由國軍提供生活物資並推動精神教育，陸續安排他們回到臺灣。也有部分臺灣人被當作技術人才遭強制留用，收編至國民黨軍隊。戰時從事瘧疾防治技術員的黃添宗即跟著日本人繼續留在原部隊。他一開始也曾經跟著其他臺灣人熱烈歡迎國軍到來，然而「前日本人」的身分，讓他們屢屢遭到歧視、差別對待。

中國人在感情上恨透日本人，認爲臺灣人是日本人的「軍用狗」。也由於他們的這一番話，造成中國士兵及人民，對待臺灣人相當刻薄，不將臺灣人當作人來看。

派遣於海南島海軍施設部水道班的林燈煌回憶起當時的處境，仍然記憶猶新：「我現在還是對日本人懷有好感，反而對外省人印象很壞，一切都是肇因於在海南島上所受的苦。」

在生死邊緣掙扎的臺灣兵

另一方面，戰爭時期日軍主要在海南島發展軍事設施部署，因此民生基礎設備相對匱乏，且又曾遭受過美軍的轟炸，所剩無幾的民生設備卻在國軍接收時被掠奪一空。然而，屋漏偏逢連夜雨，一九四五至一九四六年間又遇上大旱災，島內糧食短缺、價格高漲，買不起米糧的臺灣人，竟只能啃樹皮、吃草根維生。

不僅是與國軍，臺灣人與當地居民的關係也十分緊張。海南島當地的居民在戰時曾受日軍欺凌，而臺灣人來海南島時都是在日軍手下做事，對他們來說，臺灣人就等同於日軍。在海南島日軍擔任通譯的張子涇，於集中營從事勞動服務時，就曾經被當地人用海南島話咒罵道：「臺灣牛、臺灣豬，以前你們挾日本軍的勢力讓我們過得好苦呀！這次終於換你們受到老天爺的懲罰。」海南島上的臺灣人靠著集中營發放的配給無法飽食，許多人迫不得已竊取海南島住民的米糧、雞鴨，讓彼此的關係更是雪上加霜。面對著接收後的亂象，臺灣人對國民政府的作為大失所望，卻也無能為力。長期的飢餓導致身體每況愈下，還要與接踵而來的傳染病對抗。過去曾為海軍運輸部士兵的黃金島描述，那樣的歲月「甚至不如一個乞丐，絕大多數人都在生死邊緣掙扎。」雖然戰爭已經結束，可是對臺灣人而言，依舊每日都是生存戰役。

是等船或等死？

同時間的臺灣，各地陳情書如雪片般湧入臺灣行政長官公署，盼望政府能盡早遣送海南島的家人回臺。林獻堂與葉榮鐘等人也成立「臺灣省海外僑胞救援會」，協助流落在海南島的臺灣人，以及其在臺灣的家人。救援會除了發起募款外，也成立信件轉送的代收處所，讓在臺灣憂心忡忡的家人有一管道可以聯繫。一直到一九四六年五月上旬，國軍修復自日軍接收的運輸船播磨丸，改為可以搭載四千五百人的返鄉客船，最終有六千七百位臺灣人搭上船。嚴重的超載以及糧食不足，讓船上的日子宛若地獄，靠著「回家」這個心願，臺灣人熬過十幾天漫長的航程抵達高雄港。然而自此之後，播磨丸應美軍要求轉而載運日本人返日，一直到同年八月前都未再搭載臺灣人。

海南島上的臺灣人好不容易等到船隻得以返臺，卻僅僅來過一次就再無消息，每每詢問集中營的長官，得到的回應永遠是「下個月船一定會來」。下個月船一定會來嗎？無論如何殷切盼望，返鄉的船依舊杳無音訊。等得越久，死的人越多，如此無望的等待，已經讓人分不清是等船還是等死。看著眼前數百位受苦的同袍，張子涇想著倒不如自己找船回臺灣吧！同樣有著這樣想法的人，還有曾任通譯的黃王癸以及許多的臺灣人，自一九四六年五月到八月間，共有六艘返臺船次。

張子涇在經濟困難的集中營中四處奔走籌款，勉強湊齊足夠經費，僱用了海南島的當地船員及帆船，準備返回臺灣。終於熬到了開航的日子，可以離開這個宛若人間地獄般的海南島，在碼頭邊與其他臺灣兵依依不捨地道別，並約定好回到臺灣便會立刻向政府請願，趕緊接回還滯留在海南島的同鄉。只見人員一起湧入狹窄的貨倉，小小的空間剎那間變得又熱又擠、空氣稀薄。船才離岸不久，岸邊竟有來自其他集中營的人跳下海，不斷對著船上吶喊著：「讓我上船吧！帶我回臺灣！」無奈早已滿載的船隻卻再也容納不下，為了航行的成功，船上的人也只能含淚拒絕。

越過萬重險航向臺灣

自行尋找船隻回臺的臺灣人，受限於資金有限，船隻大多噸位小且設備簡陋，因此中途需要停靠在香港補充物資，也有部分臺灣人自僱的帆船因為機械故障、毀損，又受到海流漂流到了澳門及香港後，救濟總署、分署的人再僱船將他們送回臺灣。張子涇一行人的旅程到了第三天抵達香港，也準備入港籌備物資，然而竟遇上企圖訛詐的海關人員。他們謊稱政府要運送物資，需徵用這艘船，而所有的船員要到北方小島的無人村莊等候一週，直到政府派人將帆船歸還。聽到海關人員這樣的說詞，船上無一人相信，眾人商討後，一致同意堅決不交出船隻，但是考慮到對方若帶兵以武力相逼，卻是一籌莫展。這時船長似笑非笑地從懷中拿出紅包，輕輕揮了揮。果真如船長所料，有錢能使鬼推磨。海關人員一看到紅包，馬上笑顏逐開，對隊員們的態度與初見時截然不同，小聲地叮囑船長半夜悄聲出港。

好不容易平安離開香港，旅途再次回歸風平浪靜。來自海南島的船員平時多從事沿岸漁業，因此不熟悉海上的方向定位。而臺灣兵大多是陸上技術員，對海象與航海儀器也毫無所知。僅僅依靠著羅盤、航海圖，也只能預估大致方向。為了避免偏離航道，一行人只好沿著東南沿海航行，然而，離岸太近卻又面臨另一嚴重的隱憂。

中國東南沿海海盜猖獗數百年之久，在二十世紀以後因社會長期動盪不安，海盜問題依然難以平息，前述黃壬癸等人的船才剛離開海南島不久，就在廣州灣遭遇到海盜搶劫，船上所剩無幾的米糧也被搶劫一空。而張子涇等人的船行駛到福建東山島附近，眼前有為數眾多的漁船正在捕魚，只見船長突然神色一凜，謹慎地指示大家提高警覺。

船隻旋即小心翼翼地行駛，避免驚擾其他船隻的作業，並盡快離開這片海域。然而，左舷處海面開始出現異動，有三艘船突然朝著這方急駛而來，船長立即提聲命令大家準備應對突發狀況。在戰場上待了好幾年的臺灣兵雖有些慌張，但是迅速拿起機槍、步槍的預備動作卻是毫不遲疑，眾人目光堅定，等待著海盜船接近時的一聲令下，集中砲火猛攻對方的機槍手。頃刻間南風襲來，船隻偏離航道，逐漸遠離三艘海盜船，任憑他們如何加速在後追擊也趕不及強風陣陣，一場危機終於化解。

海上旅程的第十一天，船長確認到了廈門後，下達了橫渡臺灣海峽的命令。起初都還順利，漸漸地海上無風帆船幾乎停滯，天氣潮濕悶熱，卻隱隱透著不安。討海為生的船員們想到這紛紛變了臉色，因為使人聞之色變的颱風即將到來。頃刻間，前方的大片烏雲用肉眼可見的速度接近，風浪開始增強，拍打著船身發出了巨大的聲響。為了避免海水倒灌，船內所有的艙板都緊緊關閉，被關在船艙中的二百五十人幾乎都要窒息。外面的情況更是危及，船員們用繩子將自己牢牢綑綁，另一頭繫在船桅上，緊握著主帆和船舵，對抗著風浪持續往看不到的目的地臺灣前進。此時的張子涇心裡只有一個念頭：

即使最後不幸遇難沉船，也要盡其所能地葬身在離臺灣最近的海底。

在狂風巨浪的面前，渺小的帆船如何能抵禦？不禁令人聯想到先民來臺時橫越臺灣海峽時的俗諺，對抗黑水溝的人最終是「六死三留一回頭」。同船一命的眾人虔心向媽祖婆祈禱著，祈求祂能保佑凡凡眾生的我們微小的盼望——平安回家。興許是媽祖婆聽見了，在祂的護佑下歷經了十小時「乘風破浪」，船隻竟毫髮無損，安全脫困。一路驚險重重，卻也能「關關難過關關過」。經過十三天的海上歷險，張子涇等人抵達臺中大安港。縱然衣著破爛、狼狽不堪，一如海軍工員的林淡國所描述：「全身只剩一條毯子、一套衣服，行囊空空」，但每個人臉上卻都帶著如釋重負的笑容。因為一夥人皆身無分文，只能先步行到大甲市區過夜後，隔天在鎮公所及鐵路員工的幫助下，得以順利返回故鄉。

黃金島、林燈煌、張子涇、黃王癸、黃添宗、林淡國……還有兩萬名海南島上的臺灣人，有些人幸運地早早返臺，還有些人歷經千辛萬苦才終與家人團聚。然而，那些殞命於海南的人們化作一縷孤魂，漂泊異鄉，不知道他們能否也在媽祖婆的牽引下，跨越大海，回到心心念念的故鄉——臺灣？

參考書目

江定育

二〇一二，〈民國東南沿海海盜之研究（一九一二—一九三七）〉，桃園：國立中央大學歷史研究所碩士論文。

黃金島

二〇〇四，《二二八戰士黃金島的一生》，臺北：前衛出版。

鄭麗玲

二〇一七，〈戰後海南島臺人的返鄉路〉，《臺灣學通訊》第一〇二期，頁一六—一七。

李旺台

二〇一六，《播磨丸》，臺北：圓神出版。

周婉窈主編

一九九七，《臺籍日本兵座談會記錄并相關資料》，臺北：中央研究院臺灣史研究所籌備處。

張子涇

二〇一七，《再見海南島：臺籍日本海軍通譯張子涇太平洋戰爭回憶錄》，臺北：遠足文化。

湯熙勇

二〇〇五，〈脫離困境：戰後初期海南島之臺灣人的返臺〉，《臺灣史研究》第十二卷第二期，頁一六七—二〇八。

蔡慧玉

一九九七，《走過兩個時代的人：臺籍日本兵》，臺北：中央研究院臺灣史研究所籌備處。

薛宏甫

二〇〇九，《臺籍老兵的血淚故事》，高雄：高雄市文獻委員會。

謝培屏

二〇〇七，《戰後遣送旅外華僑回國史料彙編三・南洋・海南島篇》，臺北：國史館。

蕭明禮

二〇二三，〈戰後日軍遣返作業與海南臺人返鄉的衝突：以播磨丸（海南輪）出航事件爲例〉，《中央研究院近代史研究所集刊》，頁三九—八六。

四、一生軍旅，為誰而戰

一九四五年八月終戰後，作為日本兵的臺灣人四散各地，在中國、在南洋，當他們慶幸著戰爭的結束，等待回家的日子時，其中卻有人選擇再度披上戰甲。因為中日戰爭結束，第二次國共內戰隨之開打，國民黨不願放棄收復中國的最後一縷希望，為了增援更多士兵和共產黨決一死戰，在中國本土召募前日本軍的臺灣人，其中包含有東北地區青年軍二〇七師招募滯留東北的臺灣人、海南島軍隊留用海軍技術兵，而在臺灣、澎湖的國軍七十軍、六十二軍、臺澎海軍技術員兵大隊等也同步徵召志願兵。最終，有超過一萬名的臺灣人加入國軍，並被派遣到國共內戰的戰場。

變動時代下的多重身分

出身彰化的邱松霖家裡業農，家境殷實，公學校畢業後前往廈門市立第一中學初中部、高中部就學。一九四五年，日軍發布徵兵令，邱松霖在廈門接受召集，前往廈門大學報到。加入日軍後，至金門進行三個月的軍事訓練，一路自廈門海澄登陸後，沿途行經漳州、漳浦、詔安，目的是前往廣東香港一帶的九廣鐵路布防。邱松霖在詔安時曾一度趁亂逃亡，但後來又重回部隊，然而還未達目的地，日本就已宣告戰敗。邱松霖與其他臺灣人被送往廣州第二方面軍日俘管理處（後又稱「臺籍官兵集中營」）集中管理及訓練。

一九四六年二月，邱松霖與在集中營裡認識的同鄉柯雨林，一同加入孫立人將軍帶領的新一軍。當時的新一軍，因為官兵素質精良，號稱是「天下第一軍」，共產黨軍隊還流傳過一句口號：「只要不打新一軍，不怕中央百萬兵」，連共產黨軍隊都不願與之對戰。到了同年的三月，共產黨林彪率領的東北民主聯軍攻占四平街，東北的戰況告急，中央指派新一軍前往支援。部隊自華北的秦皇島登陸後，一路步行至瀋陽後，四月直攻四平街。

這是邱松霖和柯雨林等臺灣兵加入新一軍後的第一場大型戰事。四平街雖是小城，但是因為位處瀋陽及長春之間，為東北鐵路的交會之處，戰略位置高，取得四平街對國共雙方至關重要。這場戰役最終以共軍撤退告終，國軍雖然取得勝利，卻也傷亡慘重。戰事結束後，因美國的調停介入，國軍的勢力集中在關內，共產黨日漸控制東北。而邱松霖和柯雨林在一九四七至一九四八年間，藉故向部隊請得「長假」，透過在中國的臺灣同鄉會等的協助返回臺灣。

都是為著生活

同一時期的臺灣又是什麼情況？

一九四五年國民政府接收臺灣後，國軍七十軍、六十二軍陸續抵臺，成立臺灣省行政長官公署，經濟政策上採取統制政策，設立貿易局和專賣局嚴格進行物資管控，並將物資大批運往中國，進而導致臺灣社會發生嚴重的通貨膨脹，其中也不乏官員假公濟私、中飽私囊，《被出賣的台灣》一書形容「每裝好一船貨物運出港外，就運回一船貪婪的中國大陸人」。二二八事件發生前夕，《人民導報》曾在頭版報導：「這個月來，米價由十幾元漲至三十幾元，不但飛漲得驚人，而且自前日起無處購到……」電影《悲情城市》中對於當時陳儀掌政下的亂象也多有描述：「阿山院長一來接收以後，臺灣人統統趕走，自己的老婆、舅子、外甥都叫來，現在整個法院變成他們家開的。」彼時的臺灣不但在管制經濟下產生惡性通貨膨脹導致民不聊生，同時臺灣青年失去工作職位，或位居下層，失業人口不斷增高，更引發嚴重的社會問題。

此時，國軍在報紙上刊登徵兵廣告，並到各鄉村召募軍人，因此，當國民黨的募兵宣傳告訴人民：不但未來可以自己保衛臺灣，守護臺灣，給予每月軍餉二千元法幣，保證絕不離開臺灣，兩到三年即可退伍。同時可以接受國語教育，可以讀書，將來還有機會當軍官。如此多優惠的條件，大大吸引了諸多臺灣青年，其中很多人為了改善生活，在日治時期即先志願加入日本軍，戰後又再度投身國民黨軍隊。

一九四四年，日本兵王添富從故鄉臺南被派駐到海南島，在海南島時因為腳疾住院，沒過多久便被送回左營海軍醫院直至戰爭結束。戰後，王添富和鄰居看到工廠的徵人啟事，便相約一同前往，沒想到報到完隨即遭監禁，一路從高雄、屏東，最後被押送到「臺東和花蓮」進行「為期數月」的軍事訓練，這時才終於知道是被抓來當兵。沿路上逃兵不斷，然而曾有逃兵不幸地被抓回來，部隊為了殺雞儆猴，竟在眾人面前執行槍決。在花東的軍事訓練結束後，全員要北上前往基隆，此時，部隊又騙他們到了基隆就讓大家放假返家。不料一到碼頭，只聽連長說：「你們不用回去了，我們要過去大陸！」所有臺灣兵便被送上了貨船，再無回頭路。

一九四六年，高雄的吳荐比起王添富稍微幸運些，一開始就知道是去當兵。在臺南那拔林（今臺南市新化區）受一個月的新兵訓練。不過當時，吳荐和其他臺灣人對於即將遠赴中國的命運仍毫無所知。直到中秋節過後，收假回部隊的臺灣兵遭關押於倉庫，被趕上火車的貨車車廂一路載往基隆，到了基隆，再度被關在碼頭倉庫，外面巡守的衛兵個個荷槍實彈，嚴密堅守以防臺灣兵逃跑。許許多多的臺灣兵就這樣在毫不知情，且遭受脅迫的情況下被送往中國。

一九四六年八月，一名住在內灣的年輕人在報紙上看到召募日治時期的技術人員加入國軍的廣告，便把訊息告知了他住在彰化的友人——十九歲的周清樟。周清樟一聽消息決心參與召募。其實如同王添富一般，周清樟早在一九四四年時就曾從軍，當時周清樟報名日本海軍員工招考，順利錄取後至岡山海軍工廠工作，這次是他第二次決心從軍，沒想到這個決定竟注定了往後數十年的飄泊異鄉的人生。

一九四七年二月底，二二八事件爆發，臺灣島內混亂不堪，無處安全。周清樟在基隆港邊看到大量的屍體手腳被鐵絲穿過，在海面上載浮載沉，他們都是二二八事件槍林彈雨下的犧牲者，悲慘的死狀衝擊著周清樟。他內心暗自思量著，前往中國當海軍或許比留在臺灣更安全一些，還有可能伺機潛逃至日本。

周清樟到了青島接受一個月的訓練，登上「接6號」（後改為「威海號」），負責安慶到江陰的海岸巡防。一九四九年四月起，國共雙方各派代表展開北平和談，二十日，共產黨提出嚴苛的「國內和平協定」，實質上要求國民黨放棄政權。國民政府代總統李宗仁、行政院長何應欽拒絕簽字，和談宣告破局，共產黨也隨即發動攻擊。當晚，威海號等五艘軍艦正於江陰及鎮江一帶巡航，在總部一聲令下開始撤離。他們萬萬不曾想到在途經江陰要塞時，這個鎮守長江交通孔道的要塞已然叛變，甚至提槍對著河北的國軍激烈掃射。周清樟所在的艦隊一聽到槍砲聲，頓時嚇得四竄，沒人操控的船艦就這麼擱淺在江邊。陸上的士兵只顧逃命，早已潰不成軍，無暇顧及擱淺的船艦。艦長帶著士兵改走陸路到無錫，走到半路就被共軍俘虜。

共軍帶著周清樟等一行人，連同其他艘船的官兵，一同聚集到了江陰的一處國小集中管理。所有的戰俘都必須接受有關中國歷史、馬克思列寧主義思想及階級鬥爭的教育。一九四九年八月，將近千名的戰俘被移送至共軍南京海軍總部，正式加入共軍。一九五〇年韓戰爆發時，周清樟被安排到西安號，派駐到長江口待命。一直到一九五八年周清樟才從共軍退伍，爾後在中國結婚生子，長期定居，一九九四年才重新踏上故土臺灣。

為誰而戰？

周清樟派駐的「西安號」其實原來也是舊日本海軍的戰艦，一九四七年才移交給國民政府，命名「接14號」。一九四九年，國民黨自上海撤退時，該艦遭遺棄，後被共產黨軍修復，又再度投入戰場。這個故事是否聽來十分熟悉？「西安號」的由來幾乎與周清樟，還有許許多多臺籍老兵的故事如出一輒，輾轉加入日軍、國軍、共軍，活生生的人竟與冰冷的鋼鐵武器有著相仿的境遇。

柯雨林曾經如此感嘆：「當日本兵打中國兵，中國兵打共產兵，不是我們的所願或選擇，真是臺灣人的悲哀。」為了打贏下一場戰爭，國軍招收原來是前日本軍的臺灣人，共產黨俘虜前國軍，對於上位者，士兵宛若沒有生命的武器？呼之即來，揮之即去。所謂的「敵我」只是身上穿著的軍服不同，不管是身邊的伙伴還是戰場對面站著的敵人，其實都一樣，都只是勇敢的臺灣人。然而，「死不足畏，只是不曉得為誰而死」，一生軍旅，從日本軍、國軍到共軍，臺灣兵究竟為誰而戰？也許最初僅是為自己和家人換來一頓飽食而戰。

參考書目

林金田等編

二〇〇六，《傷痕血淚：戰後原臺籍國軍口述歷史》，南投：國史館臺灣文獻館。

林桶法

二〇一〇，《一九四九大撤退》，臺北：聯經出版。

許進發

二〇一七，〈赴中臺籍國軍返鄉路〉，《臺灣學通訊》第一〇二期，頁一八—一九。

許昭榮

一九九五，《台籍老兵的血淚恨》，臺北：前衛出版。

薛宏甫

二〇〇九，《臺籍老兵的血淚故事》，高雄：高雄市文獻委員會。

黃國峯

二〇一六，〈一九四六—一九四七年四平戰役之研究〉，桃園：國立中央大學歷史研究所碩士論文。

陳翠蓮

一九九五，《派系鬥爭與權謀政治：二二八悲劇的另一面向》，臺北：時報文化。

《悲情城市》

柯喬治（George Kerr）著，陳榮成譯

二〇〇四，《被出賣的台灣》，臺北：前衛出版。

財團法人二二八事件紀念基金會

二〇一三，《槍口下的司法天平：二二八法界受難事蹟》，臺北：財團法人二二八事件紀念基金會。

五、搖身一變成為反共明星

燦爛的陽光穿過蓊鬱的芒果樹葉間，灑落一地的金黃，漫步在這條長達四公里的鄉間道路間，人們恣意享受美好一天的開始。這裡是臺南柳營的太康綠色隧道，曾在一九九七年入選為「南瀛八景」，此外它還有個很特殊的名字——義士路。相隔著一片汪洋大海，澎湖西嶼的一個靜謐的小漁村裡，曾經這裡也有座碼頭，它被喚作義士碼頭。在臺南的鄉間小路、在澎湖的偏遠漁村，為什麼都紀念著這位「義士」？他究竟是誰？

為了尋找這個答案，讓我們慢慢將時光倒轉，首先先回到一九六二年十月三十一日。這一天的午後，第一屆金馬獎在臺北市西門町的國光戲院風光舉辦，由王豪執導的《一萬四千個證人》一舉奪得優等劇情片的殊榮。該片生動描繪了韓戰結束後的一九五三至五四年間，一萬四千名滯留韓國的國軍如何踏上自由臺灣的經歷。在這一萬四千名士兵中，有兩位特別的人物引人注目：一位來自臺南柳營的陳永華，另一位則是澎湖大池村的王瀛昌。一九五三年在他們身上究竟發生了什麼事？時光再次倒轉。

來自臺灣的「證人」

一九四六年，年僅十六歲的陳永華，在二千元法幣薪水和四斗米的誘惑之下，帶著與將來一搏的勇氣，趁家裡人不注意，偷走母親的印章，毅然決然地報名加入了國民黨軍隊，踏上了通往中國戰場的道路。一九四八年十一月，隨著瀋陽的淪陷，陳永華遭俘受困東北，最終加入共產黨軍隊，並參與了平津會戰等多場戰事。一九五〇年六月，韓戰爆發。四個月後，毛澤東命令共產黨軍部隊以「中國人民志願軍」的名義參戰。中共派遣二十六萬名士兵越過鴨綠江投入戰場，支援同為共產陣營的朝鮮，對抗背後以美國為首的「聯合國軍」支援的南韓，陳永華也隨著共軍前往交戰地區。陳永華親眼見證了共軍在兵器彈藥不敵美軍的情況下，採取以「人海」對抗「火海」的戰術，投入一批又一批的士兵至前線，用生命換取戰場上的每一寸進展。

面對著隨時可能作為「肉彈」投入戰場，上戰場是死，逃兵被抓亦逃不過死，陳永華索性心一橫，看看能否逃出生天。一九五一年二月，趁著偵察活動的機會，他連夜逃離，又輾轉漂泊了一個多月，向美軍陣營投誠，美軍將其拘禁在巨濟島戰俘集中營，最後移送至中立地區板門店。

戰俘營裡安置了超過兩萬名華籍戰俘，中共堅決要求戰俘應多數遣返回中國，然而美國卻強調「志願遣俘」原則，讓戰俘自由選擇遣返地。中華民國也表明接收戰俘之意向，多國間展開了一場激烈的攻防戰。

當各國為了戰俘問題吵得不可開交之時，這群受困的戰俘也做出許多努力。他們為了要重返家園，同時區別自己與共軍的不同，由中國國民黨反共青年救國團發起配戴自製臂章、胸章及帽徽，甚至一場運動更是引發熱烈迴響——刺身。他們的刺身可不像今日的刺青一般有良好的儀器設備，常常就是直接拿著針往身上刺出傷口，再將墨汁滲入傷口中，經常引得傷口發炎感染。陳永華也在胸前、手臂上刻下了反共抗俄的標語和象徵性的旗幟，戰俘們相信這麼做，他們就不會再被送往中國。

歷經一年多的周旋，一九五三年七月確定採用美國的「志願遣俘」模式，有一萬四千名戰俘選擇前往臺灣。一九五四年一月二十三日，臺灣各大城市敲響自由鐘，舉行了盛大的慶祝集會，歡迎反共義士的「歸來」，這也是「一二三自由日」的由來。

反共明星宣傳之旅

當來自中國各省的戰俘，面臨政治上的祖國與情感、文化上的祖國之間掙扎，最終選擇報效中華民國時，陳永華卻有所不同。作為土生土長的臺灣子弟，他毫無疑問地只是想回到故鄉。然而令人意外的是，他的選擇竟成為中華民國政府吸引臺灣人民關注反共議題的典範。

一九五〇年代，中華民國政府改裝臺鐵的客用列車，車廂上漆上藍白紅的色彩，掛上「反共抗俄宣傳列車」的招牌，下鄉宣傳反共抗俄的理念。有著一九五三年八月首次的成功經驗，一九五四年五月，反共抗俄宣傳列車在政府的期盼下再次啟程，救國團的青年男女前往各鄉鎮播放電影、表演話劇以及發表演說。不同於前次，這輛列車還乘載著韓戰歸來的反共義士。透過一個個反共義士的英勇故事告訴臺灣人民，共產黨是如何地殘暴無道，而義士們又如何憑藉堅韌不屈的精神力對抗，並讓大家相信終有一天中華民國必能反攻大陸。一九五四年六月十九日，當宣傳列車行駛到陽明山，陳永華打著赤膊在晚會上，展示他身上的刺青，發表慷慨激昂的演說。影片旁白描繪著這一幕：「反共義士陳永華報告共匪暴行

陳永華上台宣傳反共故事。（圖片來源：國家電影及視聽文化中心提供）

的時候，在場的觀眾都非常的動搖。」

陳永華是韓戰反共義士中極為少數的臺灣人，臺灣的媒體對陳永華展現高度的興趣，新聞上傳頌著他的故事。陳永華更是作為反共義士的指標人物之一，由中華民國政府安排環島以及到國外演講，宣揚反共意識，堅定反攻大陸之決心。中華民國政府主打義士的堅毅和反共精神，而他們曾經效力於共產黨的過往被刻意模糊，塑造成迫於無奈之舉。

此外，中華民國政府組成「反共義士海外訪問團」，到其他自由民主同盟訪問，宣揚他們在中國的經歷，特別是受到共產黨迫害的故事。海外訪問團自一九五四年三月開始規畫，最開始籌畫亞洲路線，共有四個組別，陳永華跟隨著第四組前往日本，途經東京、橫濱、大阪、神戶、福岡、長崎等地，並由當地的華僑團體接待。身為臺南柳營的子弟，陳永華說著一口流利的臺語，自然與出身臺灣的日本華僑更有親近感，成功揭露共產欺瞞偽善，同時彰顯民主陣營團結一致的重要性。

第二位明星：陳永華的模範母親

陳永華參軍後，柳營的家裡只剩下六十多歲的老母親陳林曉，以及三哥一家。甫入中國的陳永華，也曾經捎來幾封家書報平安，然而在一九四八年瀋陽一役陳永華遭俘，此後便斷了音訊，生死未卜。家中的母親思念兒子，卻也毫無辦法，整日以淚洗面。一九五三年九月，陳林曉聽聞報紙出現了兒子陳永華的報導，一時間難以置信。直到記者到家裡訪問，軍友總社總幹事江海東將報導內容唸給陳林曉聽，並親口證實了這個消息，她這才相信兒子尚在人世。她又驚又喜，流著淚說道：「老佛爺，好菩薩，你終於又把永華給我了，謝天謝地！永華啊，你快回來吧！你快回來吧！我不會活得太久了，你讓我看看你；摸摸你吧！好兒子，你聽到你媽媽的話嗎？哎！我命苦的孩子唷！我本想今生再也見不到你了！」多年的等候，盼來一絲希望。

一九五三年十月六日，陳林曉和三哥陳燕清應軍友總社之邀，從臺南北上參加「中華民國各界人民團體抗暴大會」，支援滯韓的反共義士。到了臺北，甫下車便立即前往軍友總社的辦公室，從總幹事江海東的手中接過陳永華的半身照，陳林曉眼含熱淚細細端詳，小心翼翼地觸碰照片中兒子的面容，彷彿兒子就站在面前。

隔日的大會中，陳林曉盈滿淚水的眼眸，高舉著「Help my son back」的立牌，期盼心心念念的兒子能早日回到臺灣。時任大陸災胞救濟總會總幹事兼祕書長的方治，將陳永華的家書交給其母。一時間情緒被渲染至最高潮，一個老母親哀戚地訴求的畫面，激起臺灣人民竭力聲援這場運動。

一九五四年一月二十七日，陳林曉前往安置剛從韓國來臺士兵的義士村，義士們一聽是陳永華的母親，便熱心地將她迎了進來。陳林曉不斷地在眾人中尋找兒子的身影。而在外地接到消息的陳永華，匆匆趕回義士村。見到闊別九年的母親，陳永華卻目光凝滯，一時語塞。見此情況，陳永華的哥哥將手輕輕搭在陳永華的肩上，此舉彷彿觸動開關，陳永華掩面痛哭，跪倒母親膝下。

陳永華與母親時隔九年重逢。（圖片來源：中央社提供）

歷經千辛萬苦，曾經以為生死兩茫茫，終得以再次相會，陳林曉顫顫巍巍地輕撫兒子的頭說：「兒子，不要哭，你自由了，你應該歡喜。」而如此令人動容的場面，也觸動了在場年輕義士們的心，母愛的光輝溫暖了陳永華，也照耀著所有遠離家鄉來到臺灣的義士。

明星的光環

隨著七一年時光荏苒，冷戰體制瓦解，中華民國亦不再大張旗鼓地表揚與宣傳反共義士，如同舊照片般逐漸褪色模糊。義士的故事、奮鬥及夢想，早已被世人遺忘，只剩下義士之名靜靜矗立在鄉間小路和偏遠漁村。生活終將歸於平靜，陳永華在部隊工作，與家鄉的女性結婚生子，曾經轟動一時的反共明星重歸家庭，成為了丈夫、父親，二〇〇七年在家人的陪伴下離世。回首這個變化莫測的時代，唯一不變的似乎還是陳永華與其母再次團聚的那一刻永恆，家庭的溫暖在大時代的波瀾中顯得如此寶貴。讓人不禁想問，背負著時代光環的反共明星，亦或是思念著母親懷抱，想回家的青年，留下的究竟是什麼。

★反共抗俄宣傳列車

一九五〇年代，國民黨政府認為若欲鞏固其政治基礎，就必須讓中央的政令遍及到臺灣每一個角落，藉以獲取民心。因此，政府挹注資源和精力於宣傳工作，希望透過各種管道加強民眾的反共意識，其中一項便是「反共抗俄宣傳列車」。

該列車是由臺鐵的客、貨車經過特別改裝而成，在車體繪有醒目的藍白紅三色彩繪，並懸掛著「反共抗俄宣傳列車」的標誌。車廂內布置了各式各樣的宣傳標語和圖像，以及擺放了大量書籍、畫刊和報刊。同時，列車還配備了幻燈機、收音機、麥克風等先進設備，使得宣傳更為活潑生動。

在一九五三年和一九五四年，這列宣傳列車分別進行了兩次巡迴。在為期一個月的期間內，列車穿梭在臺灣各地鄉鎮，通過舉辦演講、圖文展覽、廣播、發放反共文宣、播放電影和音樂，甚至話劇表演，以多種方式吸引民眾參與。

這樣的宣傳方式超乎預期地奏效，然而它的影響範圍卻僅限於鐵路沿線地區，難以觸及偏遠的農村。

為了解決這一問題，政府將目光投向臺糖鐵路。糖鐵是在日治時期各個製糖會社為了往返農村、製糖工場間運送原料而建造，它的路線遍布臺灣西半部的平原地帶，覆蓋了許多臺鐵難以抵達的偏遠區域，因此成為政府擴大宣傳範圍的理想選擇。糖鐵改裝的宣傳列車，讓國民黨的「反共抗俄」理念穿越許許多多的農村和重要聚落。此外，政府還利用公路運輸，組織車隊環島巡迴，這種方式更為靈活，不受空間和時間的限制，得以隨時調整行程，使得宣傳活動能擴及更廣泛的區域和人群。

★ 老兵背後的「模範母親」

一九五〇年代以後每一年的母親節，臺灣省政府、縣市政府還有國軍，都會舉辦表揚「模範母親」的活動，選出公眾認可的「好媽媽」，然而挑選的標準卻與現代的觀念有所不同。當時的社會背景和政治氛圍形塑了特定母親角色的期望。理想母親是含辛茹苦、堅忍不拔，她們被期望鼓勵子女從軍、勞軍、敬軍，並培養子女擁有強烈的反共抗俄和國家民族意識。如同中國歷史人物岳飛的母親，她在兒子背上刻下「盡忠報國」，是養育子女報效國家的楷模。

然而，一九九〇年代以後，隨著臺灣社會的改革開放，對於「好媽媽」的定義也變得更加多元和包容。現代的母親形象不再局限於鼓勵子女從軍或者具有特定的政治立場，而是更加強調母親對於兒女的情感支持和全面發展的關注。

參考書目

《中央日報》

沈幸儀

二〇一三，《一萬四千個證人：韓戰時期「反共義士」之研究》，臺北：國史館。

林金田主編

二〇〇六年，《傷痕血淚：戰後原臺籍國軍口述歷史》，南投：國史館臺灣文獻館。

林果顯

二〇〇九，〈一九五〇年代反攻大陸宣傳體制的形成〉，臺北：國立政治大學歷史研究所博士論文。

周琇環

二〇〇一，〈接運韓戰反共義士來臺之研究（一九五〇—一九五四）〉，《國史館館刊》第二十八期，頁一一五—一五四。

周琇環、張世瑛、馬國正訪問；周維朋記錄

二〇一三，《韓戰：反共義士訪談錄》，臺北：國史館。

國家電影及視聽文化中心

李禎祥

二〇一六，〈反共第一，岳母至上：那些年的母親節很政治〉，《民報》，二〇一六年五月八日。

六、致無名英雄的輓歌

我要背負著身爲臺灣人的幸福化爲「臺灣魂」離開人間，假若我的死能夠喚醒臺灣人的良識，在最近的將來能在這塊土地上追悼臺灣歷代戰歿者的「國立戰爭與和平紀念公園」的話……

一九八七年，封閉了長達四十年的臺灣海峽終於再次對一般大眾開放，隨著國軍遷臺而客留異鄉的外省老兵得以重歸故里，與闊別數十載的親人相會，定格成一幕幕感人肺腑的畫面。然而，卻有一群臺灣老兵，卻屢遭推拒國門外。

文革時期的臺灣老兵輾轉浪跡中國

在國共內戰的洪流中，眾多被徵召的臺籍老兵在戰火中被俘，無奈地換上了共軍的制服，最終離散中國各地。其中，來自臺東阿美族的嚴木記於一九四八年在濟南會戰中落入共軍之手。翌年，他與其他許多被俘的臺灣同胞一道被送往「臺灣幹部訓練團」接受培訓，之後被分配至各地工作，嚴木記被指派至福建的古田糧食管理局。他每日的工作是上山到各個村落收購糧食，再以人力板車運回局內，是非常辛苦的體力活。不過，日子雖苦，幸好有其他臺灣人的相互照顧，使他得以在這片異鄉土地上娶妻生子，建立自己的家庭。

然而，一九六六年的文化大革命，成為這些老兵受苦難的開始。由於他們輾轉在日軍和國軍服役，多重的身分成為他們被批鬥和懷疑的原因，生活變得極為艱難。工作場合也屢遭猜忌，甚至因此無法找到工作，家庭陷入困頓者不在少數。一九六七年，嚴木記被冠上「臺灣人特務」之名，被關進小房間長達數月。還有一個老兵潘阿玉，硬生生被扣上了「反革命」分子的帽子，被迫上街遊行，掛著「我是反革命」的牌子，被迫敲鑼打鼓大聲宣稱自己的罪行：「我是反革命，您可不要像我。」並經常受到政府的傳喚和威脅。

隨著兩岸開放探親，臺灣的外省老兵得以前往中國探望親人，但滯留在中國的臺籍老兵卻無法回臺。由於《動員戡亂時期臨時條款》中的嚴格規定，造成這些臺籍老兵被視為是「沒有連續居住在自由地區達五年的大陸同胞」，從而不准入境臺灣。直到一九八九年，在立院多次提出質詢的壓力下，行政院大陸工作會制定了新的規定，允許這群老兵及其眷屬申請返臺定居。然而，卻附帶許多不合理的限制，例如要求申請者必須為國防部所承認的臺籍國軍，可是許多滯留中國超過四十年的老兵早已無法提供相關證明。此外，禁止成年子女隨同返臺，並要有臺灣親人出具保證書，為老兵在臺的行動和生活作出擔保。這些規定對於那些已在中國成家立室的老兵來說，無疑是再度「拋家棄子」的艱難選擇。同時上述的規定也僅限「定居」臺灣，返臺探親者只能透過探病及奔喪的理由短暫來臺。明明是土生土長的臺灣人，竟是被外來政權當作是「外人」。臺籍老兵們對故鄉的思念之情，日益高漲，結果卻又屢屢失望，滿腹的委屈又該向誰傾訴？臺籍老兵回臺政策歷經四年調整，限制逐步地修正和廢除，直到一九九二年始得完善。

心心念念著返鄉的嚴木記，拚了命地攢足旅費，終於在一九九〇年重返臺灣。

想不到闊別數十載，一切早已人事全非。嚴木記的父親和兩個弟弟早已離世，而母親始終堅持著他尚在人世間，每日農忙後總會到港口等著他，無奈卻在他返臺的前一年，撒手人寰。更加令人難過的是，血脈相連的手足之情，卻也敵不過四十年的分離。在嚴木記決心要返臺定居時，在臺灣的大妹竟誤解他是回來爭家產，從而不支持他的決定，讓他幾乎放棄。所幸在戰友的來信鼓勵，還有三妹的協助下，一九九八年嚴木記回到故鄉臺灣定居，同年底在中國的女兒一家抵臺團聚。

逃離槍林彈雨中的前線後，留在中國的臺灣人被視為「外省人」，既非中國人，也不被臺灣視作自己人，在恐懼和憂慮中掙扎求生。而一九五〇年代前後返回臺灣的老兵們，在政治動盪的時代背景下，也同樣面臨著類似的困境。

為理想奮戰的出發點

一九二八年出生在屏東水底寮（枋寮）的許昭榮，在第二次世界大戰前後分別為日本及國民黨海軍站上前線。一九五五年是許昭榮一生的轉捩點，當時他被派遣至美國接收咸陽號。正是這一年，美國國會正在激辯臺灣地位問題。同時，廖文毅在東京成立臺灣臨時國民議會的消息也躍上《紐約時報》，許昭榮第一次開始思考「臺灣是什麼」。他帶回了一本宣傳小冊《臺灣獨立運動第十年：一九五五》，並在軍中與幾位同袍傳閱。

然而，此事竟不慎被洩露。一九五八年，許昭榮接受軍法審判，先後被關押在新店、綠島監獄，直至一九六八年獲釋。爾後，許昭榮憑藉其日文能力，轉而從事國際貿易。此期間，許昭榮又因產品包裝印有「Republic of Taiwan」字樣，再遭逮捕和羈押，雖然無罪釋放，但接下來的八年仍受到國民黨嚴密的監管。

一九八五年，許昭榮受到的監管趨緩，他赴美開發新生意。在美國期間，許昭榮卻因為參與支持釋放政治犯的遊行，遭吊銷護照，無法再度返臺，成為政治難民。經友人的建議，他在加拿大取得政治庇護。在加拿大的這段時間，許昭榮開始深入思考臺籍國軍的過往和未來。這些反思源於他埋藏內心多年的一個遺憾。

時光倒回到一九四九年，許昭榮當時有位情同手足的同袍林淵崙，然而在無情的戰火中他不幸慘死。許昭榮不願意讓摯友草草海葬，堅持要以防腐劑讓屍身不壞，戰後再運回臺灣。在當地的村長協助下，許昭榮在一間小廟為摯友舉行一場葬禮，欲將其屍身藏於該地。然而卻突遇敵軍襲擊，只能留下尚未封棺的摯友遺體逃亡。這件事縈繞在許昭榮心中長達四十年，未曾釋懷。

一九八七年起，許昭榮在加拿大多次投書媒體，一是為了要找尋摯友的遺體，二是企圖喚起社會大眾對臺籍國軍歷史的重視。兩年後，許昭榮取得有關摯友的線索，他再度踏上中國的土地，展開尋找摯友的旅程。雖然歷經多年，許昭榮能找到的僅有疑似當年的棺木以及幾片骨骸。不過，這段尋友的歷程，卻有了意想不到的發展。

由於許昭榮尋友的訊息引起了居住在中國各省的臺籍老兵的關注，進而彼此開始聯繫。許昭榮此時才驚覺，原來當年因國共內戰而遠赴中國，最終被迫留在那裡的臺籍老兵，其實比他最初想像的要多得多。許昭榮看著這群在異鄉為生活掙扎的臺籍老兵，暗自下定決心要四處探訪、蒐集他們的故事，並在北京發起「滯留大陸臺籍老兵要回家」的簽名運動，讓滯留在中國的老兵在巨大的布條上簽名連署，向臺灣政府請願。同時，許昭榮在報紙上的筆戰也從未止歇，努力不懈地讓大眾了解這些臺籍老兵所經歷的苦難，引發社會對他們困境的關注和同情。

一九九一年，解除回臺禁令的許昭榮將布條帶回臺灣。他有感於王育德博士致力於臺籍日本兵補償請求運動，他開著自行改裝的廂型車，環島巡迴宣傳這段鮮為人知的血淚故事。漸漸地他的身邊出現了幾位盟友，他們共同呼籲政府能夠正視這段歷史，爭取滯留中國的老兵得以返鄉定居，同時獲得政府的安置與補償。

經過三年的努力，許昭榮成功串連起更多的老兵，組織他們一起站出來為自己的權益發聲。除此之外，許昭榮也積極拜訪立法委員，並在黃煌雄立委的支持下在立法院辦理公聽會，赴國防部陳情。同年年底，許昭榮成立「全國原國軍臺籍老兵暨遺族協會」，以更為激烈的抗爭，向政府討回公道。由於多數老兵們生活窘迫，協會的經費緊張，往往靠著許昭榮和朋友向各處募捐和自掏腰包才得以維持。一九九五年，在許昭榮的努力下，國防部同意將「陣亡臺籍國軍」入祀忠烈祠，並提出一些初步改善撫卹的方案。然而，國防部最終卻是敷衍了事，僅僅草率地舉辦了一場沒有政府要員參與、未對外公開的「國軍陣亡臺灣將士入祀儀式」，作為對這些犧牲的臺灣烈士們及他們的遺族的「交代」。

一九九八年，許昭榮集結協會眾人之力多次向市府陳情無果後，為了引起更廣泛的關注，他在高雄文化中心門口發起持續七天的接力絕食靜坐抗議。時任高雄市長的吳敦義同意將旗津附近的一片荒地撥給協會運用。在志同道合的夥伴協助下，二〇〇四年許昭榮募集足夠的資金建造臺灣無名戰士紀念碑，並在二〇〇六年立下「戰爭與和平紀念公園」的大石碑。臺籍老兵的平反賦權看似準備迎來曙光之時，新的黑暗卻又再次到來。

寧願燒盡，不願銹壞

二〇〇七年底，高雄市議會提案要將戰爭與和平紀念公園改成八二三戰役紀念公園。此一舉模糊了臺籍老兵在國共內戰的身影，這是許昭榮所不樂見。經過積極爭取下，好不容易高雄市文化局等單位同意辦理協商，然而協商結果卻不如預期。最終，許昭榮被迫接受將戰爭二字拿掉，並將八二三的紀念碑建在原來的無名戰士紀念碑旁。從這一日起，許昭榮明白單憑他一人之力，喚不醒政府對臺灣兵更多的重視，這份無力感逐漸在他心中積聚，致使在內心浮現了一個極端且痛苦的念頭——捨身取義。

二〇〇八年總統大選過後政黨輪替，許昭榮感到爭取老兵權益的道路將會因為國民黨的執政，而變得更加崎嶇困難。因此，在總統交接前，許昭榮多次陳情當時的陳水扁總統為紀念碑提名，甚或能親臨戰爭與和平紀念公園，向戰歿者致意，奈何這個願望卻始終未能實現。心灰意冷的許昭榮在總統交接的五二〇這天，驅車前往戰爭與和平紀念公園，在臺灣無名戰士紀念碑旁引火自焚，火光蔓延下，許昭榮結束了他這勇敢為理想奮戰的一生。

一個一生為理想打拚的人，怎會輕易地赴死？許昭榮的妻子沉痛地說：「因為他一輩子都受到國民黨的壓迫，那個痛已經不能痊癒，真的很痛苦。我也沒有察覺他會做得這麼激烈，他無法再活在這個臺灣。」也許是太多的不被理解與認同，讓

多年來，許昭榮集結臺籍老兵和其遺屬向政府追討權益。（圖片來源：筆者提供）

一位深深愛著臺灣的勇者，選擇化身烈焰，用自己的生命作最終的抗議。

為勇敢的臺灣人獻上輓歌

許昭榮英勇的一生和悲壯的結局，終於喚起了政府及更多民間人士遲來的關注。許昭榮去世後不久，在高雄市長陳菊的主導下，戰爭與和平紀念公園保留原名，隔年又增建了「臺灣歷代戰歿英靈紀念碑」、「戰爭與和平紀念公園主題館」。許昭榮成立的高雄市關懷臺籍老兵文化協會，秉承他的遺志，持續記錄並出版口述

戰爭與和平紀念公園主題館。（圖片來源：筆者提供）

史，辦理春、秋二祭、近代戰爭史研討會以及爭取老兵權益的活動。

二〇一六年，蔡英文首度以總統的身分參加秋祭，她向這些無名英雄們獻花致敬道：「現在，我們要在這裡迎接他們回來，迎接他們成為我們的歷史。」二〇一八年高雄市立歷史博物館也策畫特展「寧願燒盡．不願鏽壞——追思許昭榮先生影像特展」，緬懷許昭榮為了臺灣、臺籍老兵們多年來的努力。二〇一九年，前總統陳水扁親赴戰爭與和平紀念公園向許昭榮與臺籍老兵們致敬，圓了許昭榮多年來的夙願。

長久以來，臺灣老兵的故事在人們的記憶中逐漸淡出，僅偶爾短暫地被訴說。然而，卻又彷若過眼雲煙般再度消失。許昭榮的一生猶如一曲輓歌，縱然對時代的恨難以消弭，可是更多的是寄託對和平與未來的祈願。感謝無名戰士曾走過的路，讓我們能擁抱和平的真諦。同時我們滿懷著希望，期盼他們的故事終將喚起更多人對歷史記憶的重視，指引著與過去共生的未來。

參考書目

《民視新聞網》

《民報》

高雄市關懷台籍老兵文化協會，http://taiwan-soldier.blogspot.tw/

高雄市立歷史博物館，https://khm.org.tw/

杜正宇、呂宜璟、蔡宗宏編選；高雄市關懷台籍老兵文化協會審訂

二〇一八，《寧願燒盡不願鏽壞：許昭榮文獻選輯》，高雄：高雄市立歷史博物館，臺北：內容力。

林金田主編

二〇〇六，《傷痕血淚續錄：戰後原臺籍國軍口述歷史》，南投：國史館臺灣文獻館。

許昭榮

一九九五，《台籍老兵的血淚恨》，臺北：前衛出版。

許昭榮、周振英譯

二〇〇八，《寧願燒盡不願銹壞：台灣烈士許昭榮與台籍老兵紀念集》，高雄：高雄市政府文化局。

陳奕齊

二〇一五，《打狗漫騎：高雄港史單車踏查》，臺北：前衛出版。

曾學佑

二〇一一，〈台籍國軍血淚史〉，臺南：國立臺南大學臺灣文化研究所碩士論文。

薛宏甫

二〇〇九，《臺籍老兵的血淚故事》，高雄：高雄市文獻委員會。

第二部

前進南洋的臺籍日本兵

楊雅蓉

一、烽火下的南進：招募與動員

一九七四年，一則國際新聞震驚臺灣社會：時年六十四歲的臺籍日本兵中村輝夫，在印尼摩羅泰島（Morotai）的叢林被發現。自第一九四五年終戰後，他獨自在荒野中活了將近三十年。被其他人發現時，他正在劈柴，堅守著作為一名日本兵的道德與任務。當中村遇見印尼搜索團時，為了防衛甚至舉起步槍準備射殺他人。爾後，在印尼政府與相關單位的努力下，中村被帶回城市治療。經調查後發現中村輝夫，原名史尼育唔（Suniuo，漢名：李光輝），是臺東阿美族人，一九四三年參與臺灣總督府的高砂義勇隊來到摩羅泰島。由於戰爭末期局勢混亂，為躲避敵軍躲藏於山中以致他沒有接收到日本戰敗消息。一九七四年，他好不容易離開昔日戰場，最終卻發現戰爭早在二十年前結束，而自己則成為被大日本帝國遺忘在叢林中的棄民。

史尼育唔的日本身分，在戰後發生劇變。原由日本統治的臺灣，已轉為中華民國執政，這也使得他的國籍瞬間成為大問題。一九七五年，他選擇回到家鄉並且改為中華民國國籍。然而，家鄉的政治、環境、語言早已改變，昔日親友也逐漸凋零，物是人非。加之，大批媒體、民眾對他的經歷感到好奇，使他彷彿成為動物園中被觀察的動物，居住地也變成遊客駐足的觀光景點。排山倒海的壓力，讓他與社會格格不入，因此透過菸、酒麻痺自我。一九七九年，因罹患肺癌逝世。

曾經是為了日本帝國出征的榮譽皇民，戰敗後被帝國遺忘，回到家鄉卻又被多數民眾以稀奇眼光看待，史尼育唔的複雜心情可想而知。事實上，曲折的生命經歷，以及戰後難分難解的身分認同，不是他所獨有。臺灣曾有一代人去過南洋，而他們並非去經商、依親，而是賭上自己的生命在那塊不熟悉的土地浴血奮戰。大時代的捉弄，讓他們的南洋經驗成為刻畫於內心最深處的記憶與傷痛。那他們又是在什麼樣的時代、抱持著什麼心情前往南洋呢？

故事得從日治時期的臺灣開始說起。第一次世界大戰後，德國戰敗，日本獲得部分德屬南洋群島，如：北馬利安納群島（塞班島〔Saipan〕）、帛琉等地的託管權，並於一九二二年設立南洋廳。此時，便注意到南洋富饒的物產資源，種下「前進南洋」的遠因。一九三〇年，日本受到經濟大恐慌的波及，為了紓解國內的經濟壓力與就業問題，開始對南洋進行物產、土地等種種調查。社會上已經有不少出版品，以經濟利益為出發點，大量宣傳移民南洋的好處，形成「南進論」。這時所指稱的南洋，不只是南洋廳託管的島嶼，更包含荷屬東印度（印尼爪哇島〔Java〕、部分蘇門答臘島）、英屬馬來西亞（馬來西亞砂拉越部分、沙巴）、英屬婆羅洲（馬來西亞砂拉越部分、汶萊）、法屬印度支那（越南、柬埔寨、寮國）及菲律賓等地。一九三一年，日本政府為了中國東北的南滿鐵路問題，發動九一八事件。隨著戰線的擴大、帝國領土的擴張，軍用資源的需求量越來越高。因此，一九三五年七月，海軍省和軍令部，以調查石油資源為目的，成立「對南洋方策研究委員會」。一九三六年，日本內閣將南洋問題納入國策規畫。該年末，殖民地臺灣被視為南進基地。

一九三七年，中日戰爭爆發，日本軍部為國民團結、增援戰力，故在日、臺二地進行「國民精神總動員」，目的即將大日本帝國的國民皆改造成為國奮戰的臣民。殖民地臺灣，此時也進入皇民化時期。總督府鼓勵臺灣人講日本話、信仰日本神道教、參與公共工程與軍事活動。透過報紙、雜誌的宣傳和教育，對臺灣人進行精神、思想及行為上的改造。不論學校教育，或是深入地方的各式團體，諸如：街役場（公所）、防衛團、青年團、婦人會等，皆出現許多煽動戰爭、催化國族情感之活動。無孔不入的愛國氛圍，使得許多臺灣人自願或被迫投入臺灣總督府募兵的行列中。

一九四一年，日本攻打珍珠港後，制定「南方作戰」計畫，目的在於占領同盟國在南洋的殖民地並取得石油、橡膠等天然資源。由於需要大量的軍力投入南洋，因此除了「國民精神總動員」，臺灣總督府也積極宣傳南洋工作的高薪與福利。史尼育唔以及接下來將提到的鄭春河、柯景星、蕭金海等人，皆是在此背景下被驅動至戰場。

為帝國效忠的臣民

一九二〇年，臺南北門郡佳里庄出生的鄭春河，住在佳里街上。那時，佳里街是北門郡的鬧區，周遭的北門郡役所、學校、嘉南大圳、製糖會社等單位有許多日本人。從小身體欠佳的他，九歲時才上小學。他所就讀的佳里公學校，日本教師就占了三分之二。平常上課是日式教育，從小就受日本文化影響頗深，從不覺得日本是外來政權。一九三五年，他進入北門郡役所的庶務課工作，在財政單位擔任雇員。一九三七年，皇民化運動展開，他轉任將軍庄役場庶務課。由於庶務課的工作也負責政令傳達，所以他清楚記得當時強調的幾個口號，如：「對父母要孝順，對國家社會要盡本分，順應國策，為國效忠犧牲，誠實做事，腳踏實地。」此外，當時國家也推動「改日本姓名」政策，但是得符合家境尚可、戶中無人有前科，通過一系列審查後才能改名。一九四二年，國家開始招募特別志願兵，他便去參與第一期陸軍特別志願兵考試，成為志願兵後期生。出征前，他改名為上杉重雄。

回想甄試通過時，鄭春河記得年邁的父母雖然沒有反對，但可以看出他們心裡的難過。因為他是家中獨子，自小身體不佳。他說：

我出生時就是日本人，受日本教育長大，自自然然應該聽從日本政府的命令。加上我是公務員，常常和日本人接觸，到了役齡，尤其是國家有難的時候，一種國民的責任感很自然地驅使我去當兵。這是社會環境造成的，不能說是強迫或是自願。

在政府鼓吹及國民責任感的驅使下，一九四三年七月一日，他至臺灣步兵第二聯隊報到。十二月二十四日，從高雄港出發前往印尼帝汶島。海外的生活困苦，設備又非常簡陋，他不知道自己什麼時候會死，但又覺得死並不可怕。

對海外工作的想像

與鄭春河同年出生的柯景星，是彰化和美人，家中務農。一九二八年，至和美公學校就讀。他記得學校會在特定幾個日子放假，因此印象深刻，如：每年的二月十一日是紀元節，日本第一任天皇的即位之日。四月二十九日天長節，昭和天皇的生日。六月十七日為始政紀念日，是日本正式統治臺灣的節日。十一月三日明治節，則是明治天皇的生日。每當這些紀念日到來，學生不用上學，但需參加朝拜。相關儀式，都在學校大禮堂舉行。校長、副校長等人，會拿出天皇與皇后玉照，學生和老師們則穿著制服列隊迎接。如此學生們就會感受到天皇、皇后的偉大和神聖。柯家的三個兄弟，在教育的薰陶下，日後也都紛紛成為臺籍日本兵。

公學校畢業後，柯景星在家協助耕作。一九四〇年，二十歲的他經人介紹，開始一邊務農，一邊兼任國語講習所的講師。原以為能夠這樣穩定過一生的他，沒想到一九四二年家中面臨經濟變故。加之，戰爭時期有物資管制，謀生不易。他想起戰爭前叔公也曾去越南從事碾米工作，並且每個月都寄豐厚的報酬回臺，讓他羨慕不已，於是嚮往去海外工作。此外，他的二弟柯景明，因成績優異，前往海南島工作。離去之前告訴他：「在家裡種田是不會『出頭』的，一直待在家，有什麼用？」這句話讓他頗受感動。之後，剛好朋友告知「戰俘監視員」招募的消息，於是便偷偷地去報名。

一九四二年七月十二日，柯景星順利錄取戰俘監視員，前往位於臺南白河的訓練所。一同報到的青年們共有一百六十五位，他被分到第一小隊，並開始兩個星期的集訓生活。八月三日，他接到召集令，前往高雄港報到。那時，即便未來充滿未知，但為了生計，他毅然走向甲板，與第一小隊共乘「三池丸」，踏上前往南洋的旅途。

血書、千人針：榮耀出征

從上述鄭春河和柯景星的經歷，會發現影響他們從軍的動機，包含從小被教育為日本人而有的國民責任感，以及為了家中經濟而嚮往海外工作的豐厚報酬等因素。然而，除了動機之外，將他們推向戰場的是瀰漫整個社會之「從軍熱」。蕭金海對於自己當時如何陷入「從軍熱」的過程印象深刻。

一九二二年，出生於彰化社頭的蕭金海，自幼家境不佳。一九四二年，他參與臺中州的巡查（即今日的警察）考試，在一、兩千人中脫穎而出。經歷訓練後，被分派到臺中州彰化東門警察官吏派出所。擔任巡查期間，正好日本推行皇民化的改姓名運動。在這股風潮下，身為巡查的蕭金海不免要以身作則。此時他想起，公學校教科書中，關於楠木正成、乃木希典兩位忠臣的典故。楠木正成是鎌倉幕府末期的武將，一生竭力效忠後醍醐天皇。其效忠天皇的形象，在明治時代被尊為忠臣典範，並在教科書中被唱頌。乃木希典則曾任臺灣的第三任總督，在日俄戰爭時扭轉戰場局勢。戰爭結束，乃木希典勝戰回歸，但是其勝利卻建築在數萬名戰死者身上，讓他感到自責。最終在明治天皇出殯當日，與其妻雙雙切腹殉死，被列為日本史上的忠臣。上述這兩則故事的主人翁，姓名中都有個「木」，讓蕭金海決定也要取「木」字當姓。雖然自己不會像他們一樣偉大，但是仍以他們為景仰的對象，便改名為櫻木毅界。

一九四一年，臺灣總督府在臺北六張犁設立「臺灣總督府立陸軍志願兵訓練所」，並且在報紙上大肆宣傳。報導旨在招募十八歲至四十五歲的愛國青年，並且告訴讀者：「天皇對臺灣人和日本人一視同仁，臺灣人也可以獲得拿槍的機會，報效國家」。那時，不論是報紙、廣播、同僚之間，都充滿著效忠國族、為國而戰的氛圍。志願兵招募之初，約是兩千人取一人，錄取率非常低，能成為一份子是無上光榮。許多臺灣青年都很擔心自己不能錄取，因此寫下「血書」，宣示效忠天皇。此時，正值十九歲的熱血青年蕭金海，看了報導，對無法應召而為國盡忠感到擔憂。他那時想：所有的公務員都為了日本自願當兵，如果沒有以身作則到前線，很難說得過去。所以，他向鄰居借了一把剃頭刀，在深夜偷偷劃破自己的手指，並在手帕上寫下「七生報國」，亦即出生七次都要報效國家。應募之日，就帶著申請書和血書一起到現場。當時他也看到，其他青年的血書，寫著「至誠報國」等語。

一九四三年八月，蕭金海順利進入志願兵訓練所受訓，成為陸軍特別志願兵第二期後期生。完成訓練後，他即收到「紅單」，也就是被派遣到部隊當兵的徵兵令。平日雖然巡查被叫做「大人」，但是在戰爭時刻，為國效命的軍人更偉大。「紅單」由巡查帶著白手套，畢恭畢敬地送到徵調者的家，並在其家門外敬禮，大聲報告。而受文者則穿戴整齊，出門接過召集令，巡查還會說一聲「恭喜！」，並鞠躬離去。整個受文儀式肅穆且莊重。

出征前，他收到一幅「千人針」，這是由愛國婦人會的成員所製作，將其綁在額頭上，可以增加在戰場上的勇氣，亦可作為護身符。所謂「千人針」，始於甲午戰爭和日俄戰爭期間，即在一塊白色或黃色的棉布上，女性們以紅線，一人繡一針，並縫出一千個針結。期望透過一千人的祈願，讓持有者可以武運昌隆，並度過戰場上的危機與砲火，平安歸來。蕭金海收到的「千人針」，是一塊白色棉布，上面繡著：「不論身在戰場，或是無法前往，為國之心，皆無二致」。亦即繡者即便不能參與戰事，但是報效國家之心不落人後。後來，他也參與社頭庄、員林郡及彰化縣警察署分別舉辦的歡送會，在會中出征者都是坐主位。他就帶著大家的期待、祝福，光榮的赴前線。

一九四四年，蕭金海被編入高砲射擊隊，駐點在臺北觀音山。十月十日，他迎

愛國婦人會動員女學生縫製千人針。（圖片來源：中央研究院臺灣史研究所檔案館典藏）

「祈武運長久」千人針。（圖片來源：國立臺灣歷史博物館提供）

來人生第一次空襲，看著美軍將一顆一顆的飛彈用降落傘從空中投下。沒看過飛彈的他，望著發楞，成為空襲的傷員。本應隨著陸軍第二期志願兵被調派菲律賓、琉球等地的他，最終因受傷被留在臺灣，繼續招募其他兵員前往南洋。

愛國壓力下的非自願兵

戰爭氛圍下，日本政府動員皇民奉公會，至每個家庭鼓勵家長簽下同意書，讓青年前往戰場。許多家長縱使心中不願意，也無法拒絕。臺南善化的代書孫江淮（一九〇七—二〇一三），亦是皇民奉公會成員之一。他明白兒子並不想當兵，也理解這種「愛國壓力」。因此，他為了不簽署同意書躲避至臺中，讓兒子免於上戰場。他回憶：戰爭末期，政府雖然實行志願兵制度，但沒有人是自願的。尤其殖民地臺灣人的軍夫與軍屬身分並沒有保障，又非常辛苦，誰願意前往？所謂大和魂、「萬歲」都只是口號，大家的心情都一樣，但在集體壓力下，也沒人敢反抗。

鄭春河、柯景星、蕭金海等人被國家教化、動員的故事，是那個年代出生的臺灣人縮影。他們接受日本教育長大，被教導著要為國效忠、遵從命令。前進南洋的想法有時很單純，就是國家有難，國民就犧牲奉獻。也有人是明知前方是險途，卻不得不前往。而孫江淮的回憶，體現部分臺灣人不願上戰場的真實心聲。歷史學者近藤正己，分析臺灣總督府如何驅策人民前往戰場，指出這一連串的政策、教育實施是一場「心的動員」。針對不同的階層、族群，有不同動員路徑。如此，殖民地的人民自動趨向戰場。一九四一年十二月七日珍珠港事件後，日本軍方開始南方作戰計畫。當海軍攻打珍珠港的同時，陸軍也開始依序進攻馬來西亞、菲律賓、新幾內亞的拉包爾（Rabaul）、婆羅洲、東印度群島、緬甸等地，並且展開規模龐大、戰況激烈的戰役。直到一九四五年，共有二十萬七千一百八十三名臺灣人被迫參與戰爭。我們將會在後面幾篇看到，參與戰爭的臺灣人，如何被安排不同的位置，參與這場大規模的戰爭。

★ 皇民奉公會

一九四一年後為了配合臺灣總督府皇民化運動所成立的組織，參與者包含民間、各階層領導者之在臺日人與臺人。目的在於貫徹皇民精神，並協助推行臺灣總督府政策，以確立生活體制、增進戰時的經濟。組織方面可分為三部分：一、中央本部，由臺灣總督為總裁，臺灣全島島民為會員，並依照皇民奉公運動規約運作。其下設一事務局以及五個委員會以協助皇民化。二、地方組織，即在各州廳、市街庄、區等地方各級行政下設分會，並以十戶為單位設奉公班。以小單位的各級分會，達到將皇民化各運動深入地方的效果。三、傘下團體，依照年齡層與職業別的不同，分為奉公青年團、少年團、壯年團，或醫師奉公團、商業奉公團等。奉公會的工作主要包含：皇民練成、加強「國民精神總動員」、成為志願軍。皇民奉公會，最終在一九四五年六月十七日解散。

參考書目

防衛庁防衛研修所戦史部

一九七三，《大本営陸軍部大東亜戦争開戦経緯1》，東京：朝雲新聞社。

林玉茹、王泰升、曾品滄訪問，吳美慧、吳俊瑩記錄

二〇〇八，《代書筆、商人風：百歲人瑞孫江淮先生訪問紀錄》，臺北：遠流。

近藤正己

二〇一四，《總力戰與臺灣：日本殖民地的崩潰》，臺北：國立臺灣大學出版中心。

許雪姬

一九九九，〈皇民奉公會的研究：以林獻堂的參與爲例〉，《中央研究院近代史研究所集刊》第三十一期，頁一六七—二一一。

蔡慧玉

二〇〇八，《走過兩個時代的人：臺籍日本兵》，臺北：中央研究院臺灣史研究所。

鍾淑敏

二〇〇八，〈臺灣總督府與南進：以臺拓在海南島爲中心〉，臺灣拓殖株式會社檔案論文集編委會編，《臺灣拓殖株式會社檔案論文集》，南投：國史館臺灣文獻館，頁二〇五—二四七。

二〇二二，《日治時期在南洋的臺灣人》，臺北：中央研究院臺灣史研究所。

二、支援前線，打造南方：特設勞務奉公團與特設勤勞團

一九四〇年，日本軍隊入侵法國管轄的中南半島。一九四一年十月，當地日軍為因應戰事，請臺灣總督府派遣一千名軍夫，協助越南的軍事。為此，總督府挑選了二十歲以上未滿三十歲、理解日文、身體強壯、有團體訓練經驗的青年，組織成「特設勞務奉公團」，服務為期一年的時間。

由於奉公團將被派駐到島外，因此被冠上「特設」之名，與臺灣島內的各種奉公團區別。奉公團由五個中隊組成，團員由各州召集，一州組成一個約三百人的中隊。一九四一年十月二十三日，第一期特設勞務奉公團出發前往越南，一個月後日本侵略美國珍珠港，同時也入侵英屬馬來西亞、香港、菲律賓等地。戰線擴大，使軍夫需求增加。因此，至一九四二年十月期間，臺灣總督府前後共招募了六次「特

設勞務奉公團」，分別前往越南、菲律賓、馬來西亞、新幾內亞。

這些被挑選、動員至南洋的軍夫是什麼定位呢？據軍部中央規定是「軍人、軍屬以外者」，換言之，如果在「軍人、軍馬、軍犬、軍屬」等軍中序列下，並非正規軍，且是連軍屬都算不上的最低層。若依照規定，不論是冠上何種名稱的軍夫，其主要任務並非至前線打仗，而是進行後援補給。因此，他們的工作內容多為軍事建設、軍需作物耕種及雜務。此外，因臺灣人精通閩南語，亦擔任南洋華僑之通譯，或是調查華僑動向、當地民情等。合約到期後，有些人期滿返鄉，有些人則因高薪待遇轉往其他軍夫團。返鄉後如有從軍經驗，也較他人有機會再度被挑選為軍夫，蘇喜就是其中一例。

特設勞務奉公團

一九二一年出生於臺北樹林柑園的蘇喜，曾三次擔任軍夫。一九三七年，他參與第二期農業義勇團團員前往中國南京，這是他的第一次從軍。他認為此行能去海外體驗、鍛鍊身體，生死有命，因此不感到害怕。在進行持槍、木劍等訓練後，便抵達戰場，協助當地士兵的糧食種植與補給。所幸職務於一九三八年順利結束，也如期歸返臺。回臺後，被安排至鶯歌役場協助訓練青年團。

報效國家的經驗，讓他受到街庄長、憲兵隊的特別禮遇，糧食的配給相較於過去也較充足。因此，當一九四一年臺灣總督府招募特設勞務奉公團時，街庄長以軍隊訓練名義要蘇喜去協助，他便一口答應。殊不知，這是招募海外兵員的活動。所以他就在不知情的狀況下，再度應募成為第二期團員。十一月，前往高雄訓練一星期後，出發澎湖馬公等候南進。十二月，該團預定自馬公航向越南。隔天，卻得知日本向美國宣戰，因此船隊轉向前往菲律賓呂宋島。此行目的從原先預定至越南建設機場，轉變為至呂宋島阿帕里（Aparri）攻占機場。

十二月九日中午，上級傳來命令，告訴軍員們可以盡情喝酒、吃飯。那時船上的軍員們便知道「此去，進是死，無退路」。當日晚上十點，軍員們領到隔日早餐，半小時後又領到午餐以及子彈。將近十二時，透過海軍廣播得知，即將要在阿帕里登陸，攻占機場後讓來自屏東的軍機降落，此刻須將性命交給指揮官，並遵從指示。他服務的奉公團，主要任務為上陸五百米後停止，守住陣地，用機械砍樹開出一條路，讓日軍進攻。爾後，再以運輸船搬運油料、子彈、糧食至岸上。十二月十日，日軍成功占領阿帕里機場。但蘇喜的手指不幸被美軍炸傷，所以在十三日退至後方，回到臺灣接受治療。一九四二年四月，退役後返鄉再度任街役場雇員，並擔負講習所、家庭防空等訓練工作。

特設勤勞團

一九四三年，日本在南洋的戰場上逐漸趨於劣勢，為加強軍力，預計在新幾內亞設置機場。由於機場工事需龐大人力進駐，因此殖民地臺灣，也積極徵用軍夫，成立「臺灣特設勤勞團」。該團宗旨為「應絕對要求，排除萬難」。一九四三年五月至一九四四年七月，共運輸了三十次，二萬八千名軍夫至新幾內亞、新不列顛等南洋諸島。而蘇喜則在該年十二月二十三日，第三次被徵召為第六期特設勤勞團的分隊長。隨後便至高雄搭運輸船，於二十九日抵達新幾內亞的拉包爾。工作除了看管糧食，也參與反登陸作戰、肉搏、夜間作戰等嚴格軍事訓練。

一九二二年出生於埔里的劉英輝，早蘇喜幾個月抵達新幾內亞。他十八歲時憑著一股為國效忠的心情加入第三期特設勤勞團。在當時，除了熱血，許多人看上的是海外工作的高昂薪資。特設勤勞團的薪資是日給制，本俸約為每日三圓六角，相較臺灣島的勤勞團多兩倍以上，因此一個月即可拿到一百零八圓。若擔任班長則每月加俸十圓，分隊長二十圓，小隊長三十圓。另，也給予有妻小、父母者家族津貼。因此，對於家計不無小補。一九四三年四月，劉英輝至高雄港，搭乘運輸船前往南洋。船隻航行的途中由日本軍艦護送，首先抵達菲律賓馬尼拉，在港口停留七八天之後，轉往帛琉。隨後於六月，抵達曾為澳洲領地的新幾內亞拉包爾。他被分派至科科波（Kokopo）的第八方面軍南海派遣隊第七一二九部隊之第一〇三兵站病院（醫院），從事軍務勞動。同隊有人照顧傷患、有人煮飯，亦有運載糧食等工作，而他則是建設房舍。

而較晚抵達戰場的林正興，一九二三年生於臺南仁德。二十歲那年，為了求職，參與勤行報國青年隊，至臺北第二訓練所（位於新北市坪林區）進行二十多天的集訓。因有勤行報國青年隊的經歷與訓練，便接到通知，擔任第三十期的臺灣特設勤勞團第二中隊第三分隊隊長。一九四四年七月，他搭船前往南洋。航途中，在巴士海峽受到潛水艇的魚雷轟炸，原本由二十艘船組成的船團，僅剩五、六艘船抵達菲律賓馬尼拉。上陸後，第二中隊被安排在馬尼拉港的七號岸壁，以及鄰近的油庫。岸壁工作，主要協助拆除入港船隻甲板，把底下的軍馬一一運上岸。而油庫工作，則是將三百斤重的油料裝滿油桶，上蓋鎖緊，將油桶滾落至海中，等待需要的部隊登記取回。林正興作為第二中隊的分隊長，負責管理四十名部下，依照指示分配人員至岸壁或油庫工作。

從上述三人的工作經驗看來，特設勤勞團剛開始的行動都是支持日軍在前線的戰鬥。然而，隨著戰況改變，蘇喜、劉英輝在新幾內亞的軍夫職務不再只是支援前線。位於菲律賓戰場的林正興，也在不斷行軍的過程中與死神擦身而過。

拉包爾的戰地臨時戰鬥員

一九四三年底，盟軍登陸新幾內亞與日軍發生衝突。為此，日軍除在前線徵兵，也從駐紮在新幾內亞的勤勞團中選出數名成員，編成特別教育隊，進行戰鬥技能訓練以及精神教育。部分臺灣軍夫從原本的後勤補給，被迫轉變為持槍的士兵。此時，盟軍空襲越來越激烈，蘇喜也在當地被徵召為正式軍人，成為糧食兵。除種植軍用糧食，也因應戰況開挖防空壕，並入住其中。

和蘇喜一樣，劉英輝亦從軍夫的身分轉變為士兵。一九四四年三月，隨著太平洋戰爭逐漸白熱化，他除了原本的勤務，也被編為戰地臨時戰鬥員。一九四四年末，戰況激烈，美軍若是晚上空襲，丟下照明彈，則叢林中的房舍也清晰可見。房舍被探照之後，將會被猛烈轟炸，因此蓋建房舍逐漸困難。劉英輝此時的工作有二，第一就是美軍機晚上來襲時，以探照燈照射，再用高射砲射擊。第二為白天跟著部隊出去尋找小山谷，在山邊挖防空壕，提供醫院的傷患和其他勤勞團人員居住。由於拉包爾是火山地形，由火山灰和石灰岩所組成，因此防空壕不易崩塌。

劉英輝指出，拉包爾的生活，除了不斷挖防空壕，就是在夜裡行軍，躲避敵軍偵察。行軍時，只能穿硬底牛皮製作的軍靴，鞋重二至三斤。需要穿二、三雙襪子保護腳底，否則容易因久行而傷腳。飲食方面，倉庫雖存有米糧，但會優先留給傷兵食用。勞務兵或衛生兵通常只吃樹薯、番薯或自己耕種的菜。戰爭末期，為了躲避美軍的轟炸，所有部隊幾乎都住在防空壕裡。

設置於菲律賓的軍靴工廠，產品提供在南洋的軍隊使用。（圖片來源：中央研究院臺灣史研究所檔案館典藏）

缺糧、躲藏與夜間行軍

林正興雖然沒有成為戰鬥員，但他在菲律賓行軍的歲月，也因戰況艱困，變得十分刻苦。一九四四年七月，他在馬尼拉港的油料工作，每日都受到美軍猛烈轟炸，所以該軍團在駐軍三、四個月後，決定撤離。他回憶，撤退那天部隊以兩個中隊為一單位，分成幾艘船，在傍晚時離開馬尼拉港。船隻沿著山壁航行，但行進間盟軍潛水艇發射的子彈不斷從海底竄出，所幸沒有船被擊沉。直到天色漸亮，終於抵達菲律賓北呂宋島的碧瑤（Baguio）。

從馬尼拉撤出的數萬民軍夫與軍人，登陸碧瑤後，走向呂宋島的崎嶇山路，開始行軍。軍方會在沿途特定的點放置米糧，但是為了避免糧食消耗快速，因此配給有限，大家也會採集野菜、野草補充營養。一九四四年末，每日都有敵機在呂宋島上空盤旋。若是軍隊至溪谷取水，被敵機發現，則會遭到猛烈的空襲。所以，軍隊都是白天停下來躲避飛機，夜間行軍。有回，林正興的隊友們在夜間喚他去溪畔沖涼，正當他想抽根菸再過去時，卻遇到美軍夜襲。轟轟聲響，燒夷彈陸陸續續被投下，飛機低空掃射。轉瞬間，喚他沖涼的隊友們一個個在火光、彈雨中倒下，只剩他和少數幾個人幸運地存活。

一九四四年末至一九四五年初，由於美軍有壓倒性的優勢，所以日軍殘兵只能在叢林中躲躲藏藏、伺機而動。第二分隊在山中行軍幾百日，終於走到呂宋島最尾端的岸壁，卻因看到美軍行蹤而折返。林正興回想，山區四處都是死屍，行軍時，時常不得已與死屍一同入眠，氣味難聞。然而，即便戰況艱難，但大戰最後，指揮官仍宣布要決一死戰。由於食物少，加之菲律賓悶熱，軍隊多得瘧疾，病死、餓死不在少數。所以，多數人不想聽令，只想回家。

一九四五年八月，日本戰敗。林正興前往馬尼拉的收容所，成為美國戰俘。而蘇喜、劉英輝也隨之進入拉包爾戰俘營等待歸途。回顧這段歷史，軍夫是戰爭動員中的大多數，因此他們的戰爭經驗，是一個時代的縮影。相關研究也指出，一九四三年以前，軍夫無法享有軍人、軍屬應有的福利和待遇。不論是特設勞務奉公團或是特設勤勞團的成員，他們都是被以奉公、勤勞之名被迫動員的勞務提供者。直到日本占領南洋各地，對軍事建設有大量需求，藉由臺灣總督府募集了許多軍夫。才使得軍夫的待遇和福利被廣泛注意。一九四四到一九四五年間，正值南洋戰事最激烈的時期，這些非正規軍人只接受短暫的軍事訓練，便被動員投入戰場。

如此策略，雖暫時補充兵力，卻無疑造成無數戰場上的悲劇。

★拉包爾

又稱為「Rabaul」、「ラバウル」，是巴布亞新幾內亞新不列顛島北部的一個海港型城鎮。十九世紀末為德國的殖民地，第一次世界大戰後由澳洲託管，也成為澳洲在新幾內亞領土的首都。由於是戰略要地，故第二次世界大戰時，日本自一九四一年開始入侵新幾內亞，並於一九四二年一月控制拉包爾。日軍投入眾多的資源發展該地，並將其打造成帝國海軍在南洋的重要基地，並設立戰俘營。一九四三年，盟軍以包圍和封鎖物資等方式，將日軍孤立於拉包爾，使其陷入苦戰。一九四五年，日軍投降後，該地由澳洲接管。

參考書目

沈昱廷

二〇一七，〈烽火下的南洋軍夫：臺灣特設勤勞團〉，《臺灣學通訊》第一〇〇期，頁一七—一九。

二〇二〇，〈日治後期臺灣陸軍特別志願兵制度的施行與士兵派遣〉，《暨南史學》第二十三號，頁三五—七二。

近藤正己

二〇一四，《總力戰與臺灣：日本殖民地的崩潰（上）（下）》，臺北：國立臺灣大學出版中心。

周婉窈

一九九五，〈日本在臺軍事動員與台灣人的戰爭經驗一九三七—一九四五〉，《臺灣史研究》第二卷第一期，頁八五—一二六。

周婉窈主編

一九九七，《臺籍日本兵座談會記錄并相關資料》，臺北：中央研究院臺灣史研究所籌備處。
陳柏棕記錄、整理
二〇一五，〈臺灣特設勤勞團員林正興口述歷史〉，《歷史臺灣》第十期，頁一四九—一六八。
鄭麗玲訪問、記錄
一九九五，《台灣人日本兵的戰爭經驗》，臺北：臺北縣立文化中心。
臺灣總督府官房情報課
一九四三，《大東亜戦争と台湾》，臺北：臺灣總督府官房情報課。

三、征戰叢林：高砂義勇隊

位於新北市烏來瀑布公園中，有一座高砂義勇慰靈紀念碑。該碑一九九二年由「臺灣出身原日本軍人軍屬報恩期成會」的前會長伊庭野政夫所立，他曾參與太平洋戰爭，並在戰後四處奔走為已故戰友以及曾參與這場戰爭的義勇隊爭取設碑。二〇〇六年，該碑拆遷至烏來瀑布公園中的「高砂主題義勇紀念園區」。慰靈碑原本是單純的紀念象徵，卻遭到媒體質疑為帝國主義史觀的遺毒、有歌頌天皇之疑，進而引起極大爭議。姑且不論媒體爭論背後的意識形態，學者提出「記憶的自由」（Freedom to Remember），說明集體記憶是各族群的核心認同，「如何記憶」的自由是其不可侵犯的權利。提醒我們身處多族群的臺灣，應當對各族群的記憶予以尊重。慰靈碑的背後藏著什麼樣的集體記憶呢？義勇隊在戰場上又是何種遭遇呢？讓我們回到歷史的脈絡當中。

一九四二年，日本政府為補充南洋戰力，將眼光投向適應叢林與高山的臺灣原住民（當時稱為高砂族），並於三月進行「高砂挺身報國隊」招募，前往菲律賓巴丹島作戰。由於此次戰役原住民協助日軍打贏美軍，戰功獲得各方肯定，因此也被稱為「高砂義勇隊」。高砂義勇隊招募一共八次。招募員額按照原住民人口分配，並由各地的駐在所物色適當人物，宣傳招募。揀選義勇隊條件包括：身體健康、自願者、可從事森林採伐工作、理解戰場危險，以及當兵後對家庭生計較無影響等五項。揀選條件，本來是為確保義勇隊員清楚戰爭的風險，並出於自我意願協助戰事所設的項目。但是許多義勇隊員卻是在茫然混亂中出征，臺東阿美族馬蘭社的Pasao便是一例。

茫然成為挺身報國隊

一九二四年出生的Pasao，一九三一年進入馬蘭公學校就讀。畢業後，回家務農。一九四二年三月中，正在田中耕種的Pasao，突然接到派出所通知，要他兩天後帶著番刀去報到。倉促而來的消息，讓他措手不及。由於不知道此行目的，他也來不及向家人提起。他的親族在他離臺後，接到愛國婦人會通知，才知道他已上戰場。Pasao則是抵達派出所後，聽主管說才明白自己成為「挺身報國隊」的一員。接著，他被帶到臺中州廳前，並領到一個慰問袋，裡面裝有日本人的慰問信、餅乾及一幅千人針。隨即就坐車前往高雄，第二天早上分發軍服，便登船出航。由於沒有體檢，也無徵調通知、軍事訓練，因此即便在船上打聽目的地，眾人也只知道要去工作。和Pasao同船的隊員，約有八百到一千人。除他以外，也有豐年、利嘉、都歷、泰源、卑南、新高、初鹿、池上等地的原住民。直到船身靠岸，眾人才發現已經抵達菲律賓呂宋島仁牙因（Lingayan）。

登陸後，全員開始三天的填裝子彈、射擊簡易作戰訓練。爾後，隨日本兵前往巴丹半島（Bataan Peninsula），攻打美軍要塞。挺身報國隊，屬於軍夫並沒有軍階。因此，任務大致分為協助槍彈運輸，以及負責支援傷患與搬運衛生器材等兩類，Pasao是屬於後者的衛生兵。巴丹島的戰事持續三個月之久，日軍最後獲得勝利。巴丹島之役後，他所屬的隊伍先是移駐到雷伊泰島（Leyt），又移防到塔克洛班（Tacloban）南方的Jaro。在那裡的工作，由於衛生兵沒有分配武器，因此他以隨身攜帶的番刀砍伐樹木，搭簡單的營帳，供傷兵休憩。生活方面，他認為菲律賓的宿霧語（Bisaya）和阿美族語言相近，因此用業餘時間向當地人學習並交流。

一九四二年十月，在工作結束前十天，他們被告知要返臺。Pasao回憶他在菲律賓的七個月中，由於日本戰勢正盛，因此工作還算輕鬆。挺身報國隊光榮返臺後，許多人都認為去海外工作待遇不錯，時間不長，每個月工資大約四十五圓（當時一斗米約一至二圓）。但隨著日本戰況越烈，一九四三年以後招募的高砂義勇隊並非如此幸運。

成為真正的男人

由於Pasao所屬的第一次義勇隊表現突出，海軍也向臺灣總督府申請高砂族前往支援前線。一九四二年七月，臺灣總督府完成第二次招募，一部分的原住民編入海軍特別陸戰隊。一九四二年十月到一九四三年七月，又再次招募高砂義勇隊至新幾內亞、所羅門、拉包爾、摩洛泰島作戰。一九四四年一月是最後一次招募，此次前往印尼。值得注意的是，第一次義勇隊在戰場上取得成功後，經媒體的報導，原住民在漢人與日本政府眼中的形象也被翻轉。同時，報效國家、爭戰叢林與部落傳統的勇士文化，似乎有意無意地被連結。因此，當義勇隊帶著光環回部落，便點燃了部落青年們的「志願熱」。

Nao是被這場「志願熱」燒到的青年之一。他是一九二〇年出生於南投霧社的布農族人。一九四〇年，在保證人的推薦下，進入臺灣總督府殖產局農務課擔任雇員，並在臺北帝國大學附屬農林專門部進修。當時日本正在推廣皇民化運動，社會普遍是「不去當兵，這個人就沒用」的氛圍，他也認為能去當兵是光榮之事。於是向上司商量去從軍，但因他的業務為作物和藥草試種，非常重要，因此申請一度被駁回。一九四一年，他辭退總督府的工作，轉任南投魚池的紅茶株式會社技師，期間寫了從軍志願書和血書。一九四三年七月，成為第五次高砂義勇隊，前往新幾內亞。

同樣是第五次高砂義勇隊的張陳龍明，一九二五年出生，是來自臺東東河的阿美族。一九三一年，進入公學校就讀。一九三七年，他準備從公學校畢業，此時中日戰爭爆發，老師告訴他們：「只有士兵才是標準的、真正的男人。」他也把這句話放在心上。畢業後兩年，就自願報名高砂義勇隊，前往新幾內亞。他所屬的中隊負責防空，只要美軍進入射程範圍，就以高射砲擊落。此外，他們也協助當地的日軍進行叢林游擊戰。

新幾內亞的密林作戰

起初，義勇隊前往的地點多是南洋山地，協助高地的建設、糧食及傷員搬運等後勤工作，但隨戰況變化也被編入第一線，擔任游擊戰士。Nao回憶，高砂義勇隊的活動在當時是祕密，在戰場上從事軍人的工作，但身分並非軍人，也非軍夫。由於高砂義勇隊看似招募，實質上是按照部落名額分配、徵調，工作也較危險。因此薪水方面，一般軍人月俸十七圓，義勇隊則是四十多圓。他進入義勇隊後，被編到第三中隊，在臺中軍用飛行機場受訓六個月。每個中隊有四小隊，小隊設有一名專任班長和一名小隊長。一小隊分成四個班，一班十五人，其中十三位使用步槍的隊員，剩下兩名隊員共用一支機關槍。第五次高砂義勇隊的目標是至新幾內亞協助戰事，再攻打澳洲，因此跳傘是訓練重點。受訓時，Nao因傑出的表現，升到專任班長。

一九四三年十二月，他們從高雄搭船出發前往新幾內亞。途中，由於美軍軍機和潛艇隨時會偷襲，所以船隻採「之」字型的走法，耗費時日，一九四四年二月才抵達目的地。登陸後，他們與當地的日本海軍獨立隊混編。Nao屬於佐世保鎮守府海軍第五特別陸戰隊。那時戰勢已對日軍不利，他們原定要去澳洲，但是在新幾內亞的戰爭已經節節敗退。抵達新幾內亞的第二天，就遇到美軍空襲。原本堆積如山的彈藥、槍枝、米糧、藥品，在一陣狂暴的轟炸後，夷為平地。以致他們的行軍生活，一開始就遭遇缺糧危機。新幾內亞的駐軍多、糧食少，因此果腹是他們最大的問題。Nao的部隊本有接受跳傘訓練，但在當地無法派上用場，只好每天去尋找食物。接下來的日子，他們多採集椰子、雜草，或是捕獵山豬、蛇維生。有時若遭遇美軍轟炸海域，空襲結束後他們會至海岸附近，打撈被炸到的魚，以補充營養。原以用作攻打敵軍的子彈，保留為打獵之用。而炸藥則是用於偷襲美軍，破壞他們的物資和補給。整體而言，當時的駐軍已無主動攻擊能力。

新幾內亞的叢林環境和日本溫帶森林不同，這也是日人在打叢林戰時最辛苦的地方。但高砂義勇隊員們看來，此地和臺灣山林有幾分相像。平時在部落和森林裡的野外求生技能，也讓他們幫助日人順利存活。例如，飲食方面，張龍明時常遇見日軍在密林中胡亂食用植物而腹瀉，因此他與夥伴藉由咀嚼、氣味判斷植物是否可以食用，協助部隊度過缺糧危機。又或者偵察時，高砂義勇隊們可以透過從部落獵人身上學到的技巧，如聽聞鳥鳴的位置，就可以得知敵人方位和動向。相較之下，日軍既聽不出鳥鳴的變化，也難以判別叢林中的東西南北。而他所屬部隊的日籍長官，明白高砂義勇隊的優勢，因此打游擊戰時，路線、時間、偷襲與撤退地點多授權給義勇隊決定。

征戰摩羅泰島的高砂族陸軍特別志願兵

除高砂義勇隊之外，也有人加入海、陸、空軍的特別志願兵。一九四三年，南洋的戰線逐漸告急，十一月臺灣總督府再度招集五百位原住民，他們的身分既非軍夫，也非特別志願兵，而是陸軍二等兵。其中一部分，甚至於一九四四年加入「薰空挺特攻隊」，在菲律賓雷伊泰島（Leyt）的戰役中被要求強行迫降，深入美軍敵營進行破壞性攻擊，最終全部被殲滅。

一九二一年，卑南族利嘉部落出生的Kelasay，就是高砂陸軍特別志願兵的一員。他畢業自臺東廳立農業專修學校，並於一九四〇年由校長推薦參與教師考試合格，被分派至利嘉公學校服務。執教期間，與日籍女教師相戀，卻遭女方家長因其原住民族身分而反對，便想透過軍人經歷證明自己。一九四三年，他加入高砂陸隊特別志願兵，成為陸軍二等兵。一九四四年，他被編入輝一七八二班游擊隊進行訓練，該隊非一般正規軍，因此沒有槍彈裝備，訓練時主要以炸藥、手榴彈使用為主。目的是進行游擊戰，破壞敵軍設備、擾亂敵方陣腳。在訓練中，他因傑出的體力、精神，晉級為陸軍兵長。五月，正式前往印尼摩洛泰島作戰。

登陸後，Kelasay隸屬於游擊第二中隊川島部隊。摩洛泰島上多是叢林，他和軍曹、兵長等人一登島就進行勘查工作。他們避開原住民居住區，選定深山建立游擊據點和可以藏戰鬥資材的場所。剛開始他們順利地以手榴彈、炸藥殲滅搶灘的美軍。但時至十二月，卻被美軍包夾，彈藥已全然用盡。一九四五年一月，美軍反登陸成功，游擊隊與外界的通聯被切斷，糧食問題也逐漸浮現。所幸Kelasay登島時有進行偵察，發現當地原住民的飲食、語言與卑南族相近，透過交換後，才讓全隊免於挨餓。

不過，Kelasay的朋友就沒那麼幸運，他隸屬於游擊第一中隊神田部隊的航空隊，他們執行的任務是以「玉碎」換取雷伊泰灣海戰勝利。所謂「玉碎」，是全體軍隊以盡忠報國的精神，發動自殺式攻擊。兩人離別時，還一同約定回到臺東部落再聚。但令人傷感的是，該部隊最後全員葬身於雷伊泰島。或許對別人而言，戰爭就是兩個字。但對他來說，這場叢林生存戰的記憶是人生不可抹滅的一部分。

由於高砂義勇隊或高砂族陸軍特別志願兵的任務，多被軍方視

南洋某基地中活躍的高砂義勇隊。（圖片來源：中央研究院臺灣史研究所檔案館典藏）

為機密行動，因此仍有許多個別的生命史尚待挖掘。但根據統計，原住民族的志願率較漢民族高。在這場「心」的動員中，長期被殖民政權、漢民族壓抑的原住民，似乎也是有意識地透過參與戰爭改變地位。然而，當他們將「心」交給政府時，卻被要求以死亡為前提執行任務，最終傷亡慘重。

★摩羅泰島戰役

摩羅泰島是印尼北端的島嶼之一，屬於北馬魯古省摩羅泰島縣的轄境。島上森林茂密，木材和樹脂為其重要天然資源。該島於一九四二年初被日軍占領，作為新幾內亞的基地之一。一九四四年九月至一九四五年八月，日軍與盟軍在島上發生的戰役稱為摩羅泰島戰役。由於摩羅泰島之於日軍占領的菲律賓有重要戰略地位，故該場戰爭對日本在南洋的版圖有關鍵影響。戰爭期間美軍逐漸控制島上的資源與軍事要地，日軍則因疾病、糧荒損傷慘重，節節敗退最終投降。

參考書目

Kelasay（陳德義）著，蔡政良主編

二〇一七，《一位高砂志願兵的摩洛泰島戰記》，臺東：臺東大學南島文化中心。

加藤邦彥

一九七九，《一視同仁の果て：臺湾人元軍属の境遇》，東京：勁草書房。

近藤正己

二〇一四，《總力戰與臺灣：日本殖民地的崩潰（上）（下）》，臺北：國立臺灣大學出版中心。

吳叡人

二〇〇六，〈尊重「記憶的自由」（Freedom to Remember）：關於高砂義勇隊紀念碑事件的發言備忘錄〉，發言於臺灣人權促進會主辦，「烏來高砂義勇隊慰靈紀念碑遭強制拆除事件」記者會，二〇〇六年四月六日。

黃智慧

二〇一一，〈解讀高砂義勇對的「大和魂」：兼論臺灣後殖民情境的複雜性〉，《臺灣原住民族研究學報》第一卷第四期，頁一四五—一四八。

蔡金鼎

二〇一五，《征憶：高砂義勇隊與國共戰爭時期原住民軍人口述歷史》，臺北：原住民委員會。

蔡政良

二〇一一，《從都蘭到新幾內亞》，臺北：玉山社。

蔡慧玉

二〇〇八，《走過兩個時代的人：臺籍日本兵》，臺北：中央研究院臺灣史研究所。

四、陸、海戰記：特別志願兵

士兵們只是戰爭的工具，必須絕對服從命令；只准在其所屬圈內服盡義務，絕不准有思考與批評的行爲；這是日本軍隊有如鐵的規則。

這是曾任陸軍特別志願兵的詩人陳千武（陳武雄），在其作品《活著回來》（原名：《獵女犯》）中對於士兵的詮釋。道盡他對於大時代的無奈與體悟，以及臺籍日本兵們囿於體制內不得不屈從的掙扎。

一九四〇年後，臺灣逐漸成為日本帝國軍事擴張的南進基地，陸軍臺灣司令部設置「熱地作戰研究所」，進行南洋戰爭的研究與調查。一九四一年六月，日本政府陸軍省內部提出在臺灣施行志願兵制，並於一九四二年四月正式開始招募兵員。自此臺灣軍從戰場上的勞務協助，轉變成為武力南進的第一線部隊。臺灣總督府一共徵募三次的陸軍志願兵，一九四二年與一九四三年各招募一千名兵員，一九四四年則招募二千二百名，應募者多為十八至二十一歲的青年。高砂族志願兵則另計。特別志願兵，就如同陳千武所言，即使官階高於軍夫、軍屬，但依然是戰爭中被軍方任意操縱的棋子。如此感悟與反思，是來自於他歷劫歸來的從軍經驗。

獵女、補鹿：帝汶的回憶與反思

一九二二年，出生於南投縣名間鄉的陳武雄，一九三一年進入南投尋常高等小學校就讀。一九三五年，考取臺中一中，就學期間時常至臺中圖書館閱讀文學作品，啟蒙了他對文學的熱情。畢業後，他進入臺中製麻會社工廠做工，同時也將其勞動的經驗，融入詩詞、短篇小說的創作，並以陳千武為筆名將作品發表於《臺灣新民報》。一九四二年，正值二十歲的他，在毫無準備的情況下，被通知至前線擔任陸軍特別志願兵。七月，他前往訓練所進行軍事操練。一九四三年四月，入營臺南的陸軍第四部隊成為二等兵。九月，轉任「臺灣步兵第二（野戰）聯隊」升為一等兵，隨後便從高雄港啟程。在海上航行一個月之後，一九四三年十月抵達新加坡，並在乘船前往帝汶島（Timor）時被澳洲空軍襲擊。因此白天軍隊躲在港灣，夜間沿著海岸行駛，終於在十二月十七日登陸帝汶島。隨後，被編入當地軍隊，進行對澳洲空軍的防衛作戰。

陳武雄將自己的從軍經歷，寫成自傳性小說逐一發表在《臺灣文藝》。在故事中，他化名為林逸平上等兵，到老天港的第一個任務，是和工兵構築海防陣地。工程中，每日會遭遇澳洲空軍兩次以上的常態性空襲。敵機會飛去菲律賓、婆羅洲等島嶼轟炸，回航時將剩餘的炸彈投擲在帝汶島，破壞日軍設施。

一九四二年，日軍雖成功占領帝汶島，但經過幾個月後，島周圍的海、空都在澳軍的控制之下。帝汶無疑成為一個只能防守，無法進行任何進攻的島嶼。除了戰火紛飛和無數的軍事操演，林逸平的另一個工作便是協助押送女戰俘進慰安所。在戰地，慰安所是軍人們發洩情慾的地點，被認為是軍中樂園。慰安婦的來源，多是日軍占領帝汶島各部落後，捉來的女戰俘，亦有與軍隊一同搭乘運輸船自朝鮮、日本等地來的女人。林逸平對於這些慰安婦的遭遇非常同情，認為自己和他們一樣，是戰爭下不得不被時局操控的人。

隨著日軍戰況的頹勢，生活越來越艱困。軍隊中，性病、瘧疾、腳氣病肆虐。帝汶島的駐軍多，可是糧食卻相對缺乏，軍人們時常餓得骨瘦如柴。一九四五年，帝汶島幾乎已經失去日本的支援，軍隊開始「現地自活」的生存策略。一部分的士兵從事種植、採集糧食，另一部分的士兵則進入密林打獵。陳武雄回憶，平均兩、三天就有一隻野鹿被打死，放置於部隊的廣場。看著那些被曝曬的野鹿，他便會自問「人與野鹿的死有何差別？被一張召集令召來戰地的我的生命，豈不是很脆弱嗎？」。此情此景，使他聯想到在殖民地、戰爭底下，人類的生死與渺小。

一九四五年七月，陳武雄的軍隊開始從帝汶撤退，並轉往爪哇。不久，得知日本投降的消息。但他也因此成為英軍的俘虜，被迫參與印尼獨立戰爭。一九四六年四月，他進入雅加達集中營，兩個月後又轉往新加坡集中營，幾經波折之下，終於在七月二十日回到臺灣。南洋戰爭的記憶，占據了他生命中最重要的一部分，也影響他回臺後的詩集、小說創作。其中，〈信鴿〉一文，以詩詞說明他的人生早已在南洋死過一回，以及戰爭的殘酷：

埋設在南洋

我底死，我忘記帶回來
那裡有椰子樹繁茂的島嶼……（中略）
在第二次激烈的世界大戰中
我悠然地活著
雖然我任過重機鎗手
從這個島嶼轉戰到那個島嶼
沐浴過敵機十五糎的散彈
擔當過敵軍射擊的目標
聽過強敵動態的聲勢
但我仍未死去
因爲我底死早就先隱藏在密林的一隅
一直到不義的軍閥投降
我回到了，祖國……

——一九六四年〈信鴿〉，陳千武

另外，他亦整理自傳性小說並出版《活著回來》，以林逸平之眼，將戰場上的見聞與體悟付諸於文字，讓更多人重新去思考戰爭帶來的傷害，其作品充滿反戰思想與人道關懷。

海軍特別志願兵

一九四三年，海軍方面的兵員逐漸枯竭，該年五月也公布〈海軍特別志願兵令〉，並開始在臺灣募兵。海軍招募的兵種包含：水兵、維修兵、機關兵、工作兵、衛生兵、主計兵等六種。至終戰為止，海軍一共招募六次，第一次約一千名，其餘五次約二千名士兵。隨著日本在東亞的戰況逐漸膠著，志願兵的員額也不足以提供戰爭需求。一九四四年九月，臺灣總督府終止陸軍志願兵制度，實施徵兵制。海軍方面，則是徵兵與募兵同時進行。徵兵制調降成為士兵的條件，使得更多人能夠被動員至前線戰爭。然而，徵兵制實施不到幾個月，日本便戰敗，因此這些士兵並未到南洋戰場。

著名的音樂人黃敏，本名黃東焜。多數人都知道他師事許石，並作出許多膾炙人口歌謠。但其實他的生命中，有一段鮮少人知的戰爭記憶。一九二七年出生於臺南安定的黃東焜，出生不久全家便遷移至關廟。小學校畢業後，任職臺灣電力株式會社職員，從事外線（配電）工作。由於配電非常辛苦，隨時得面對被電傷的風險，加之必須服務五年以上才能離職。因此，為了從工作中解脫，他前往應募志願兵。一九四三年十月，他獲選為海軍第一期特別志願兵，改名為松山文彥，前往訓練所六個月後，即分發至高雄海兵團。

海軍訓練所的訓練方式，包含術科與學科。其中，學科教授國語（日語）、國史、理科、地理等科目。同時，也輔以訓育課程傳達軍隊內規、灌輸愛國精神，藉此提升學員內務處理的能力，以及精忠報國的觀念。學科的內容與陸軍訓練大致相同。術科，除了徒手搏擊、執槍、射擊、柔道、劍道、刺槍等，更多了游泳等操練。值得注意的是，訓練期間，只有第一期的海軍志願兵是六個月，後面幾期的志願兵，因應越來越緊張的戰況，訓練時間逐次減少。自第三期志願兵開始，已不需要至訓練所接受完整課程，只要錄取志願兵，隨即至海兵團操練。志願兵進入海兵團後，就會將其編入水兵、主計兵、機關兵等不同的軍種。而黃東焜在海兵團持續操練三個月後，以機關科第一名結訓，並帶隊遠赴南洋。

然而，一九四三年起盟軍開始在太平洋發動反攻，並於六月在菲律賓外海發生海戰。因此，第一期的海軍志願兵多被派遣至菲律賓。黃東焜也在這時，帶領二十名成員前往菲律賓馬尼拉，至訓練海軍特攻隊的「第三十一航空隊」報到。該航空隊其實是以自殺式為主的「特別攻擊隊」，而他也在此受訓成為飛機的駕駛兵。但是，此時日軍已在菲律賓海戰失利，出航的戰艦多數被炸毀。所以，十月部隊移防至印尼日惹（Yogyakarta）。由於盟軍控制周遭的海域，因此他們並沒有太多機會取得制空權，只能在夜晚悄悄航行。即使在夜幕之中，依然有魚雷從海面飛來擊中運輸船。移防日惹的軍事行動，讓船隻從原來的十六艘剩下四艘，死傷不少。黃東焜無限感慨地回憶：「在當時生命什麼時候會結束，誰也不知道，能活著，就像撿到的一樣。」

同樣是第一期海軍特別志願兵的鄭信陽，一九四四年八月自高雄出發至越南巡防，並在西貢搭乘神洋丸，前往新加坡與菲律賓呂宋島。過程中卻受到美軍潛艇的攻擊，因此失去護衛艦，所以又再次回到高雄。直到九月，軍隊又從屏東東港出發，經過二十幾天的航行，終於抵達菲律賓第九五四航空隊克拉克基地。然而，此時美軍正對菲律賓密集轟炸，因此十月他們又乘熟田丸，前往新加坡，他被編進第十一海軍航空隊，從事飛機維修工作。

雖然，戰爭中不乏死傷和血淚，但對他而言卻有一段青澀的異國初戀。一九四五年一月，他從新加坡轉到馬來半島西岸。駐軍時，結識名為姬哈拉的華裔馬來西亞小姐，因此軍隊一放假，他就出營約會。可惜，兩個月後又被派遣至泰國航空隊，這段初戀即告終。一九四五年三月，他抵達泰國曼谷，進入三井造船提供的臨時兵營。同時也在當地參觀王宮、進出酒吧，並巧遇日語流暢的泰國小姐阿雪、阿荻。雖然只是跟他們聊天，卻一掃在泰國駐軍的苦悶，讓他感覺置身於天堂。六月，鄭信陽移防至柬埔寨，八月日本戰敗。戰爭結束後，他利用短暫時間自金邊乘小船到越南遊覽，認識一名安南女孩，相談甚歡。然而，他們的戀情尚未萌芽，他就收到回鄉的通知。一九四六年，鄭信陽回到臺灣，這些異國的愛慕和戀曲，伴隨著從軍的經歷深埋入他的回憶裡。

終戰時，黃東焜的遭遇卻比鄭信陽還要坎坷許多。他原以為能順利返鄉，卻遇到印尼的獨立運動，他們所屬的航空隊因而被軟禁。直到一九四六年五月，由聯軍出面才得遣返臺灣。一九四七年，他身無分文、破敗地回到家鄉，重新進入臺電工作。工作期間，因緣際會師事許石，開始學習詞曲創作。由於喜歡日本歌手上原敏，因此將自己的藝名取為「黃敏」。上原敏和黃敏一樣也有過顛沛流離的戰爭經驗，同樣征戰南洋，卻在新幾內亞病死。所以，歷劫歸來的黃敏，決定更加珍惜自己的生命。

終戰六十年（二〇〇五）後，臺灣第一期海軍志願兵的黃金龍、李煥坤、盧玉亭等人，為了緬懷消逝於戰爭中的同仁，將自己的生命故事交由陳鵬仁、王雪娥整理、蒐集，並出版《世紀之足跡：臺灣人日本海軍志願兵》一書。黃敏、鄭信陽的記憶結晶也被保存下來。鄭信陽的戰爭經驗，呈顯軍隊除每天面對殘酷的戰場，成為國家的戰鬥機器之外，也有情感豐沛、更為人性化的一面。而黃敏或許在戰爭中，早已看遍如同鄭信陽這般的愛情故事，因此將戰場上見聞的喜、怒、哀、樂，融入他的詞曲創作。他的作品，雖然沒有描寫戰爭的殘酷，但卻充滿了細膩的感情，以及對臺灣鄉土的關懷，影響樂壇甚深。

參考書目

沈昱廷

二〇一八，〈日治末期臺灣陸軍部隊之駐防、作戰與臺人動員〉，南投：國立暨南大學歷史學系博士論文。

郭麗娟

二〇一〇，〈活得有「聲」有「攝」的音樂人——黃敏〉，《臺灣光華雜誌》（二〇一〇年八月），電子報：https://www.taiwanpanorama.com.tw/Articles/Details?Guid=d166d0f6-cd81-44fd-bd10-f90a5a49a216&CatId=7&postname。

陳千武

一九九九，《活著回來：日治時期，台灣特別志願兵的回憶》，臺中：晨星出版。

陳鵬仁、王雪娥編著

二〇〇四，《世紀之足跡：臺灣人日本海軍志願兵》，臺北：致良出版社。

周婉窈

一九九五，〈日本在臺軍事動員與臺灣人的海外參戰經驗，一九三七—

一九四五〉，《臺灣史研究》第二卷第一期，頁八五—一二六。

周婉窈主編

一九九七，《臺籍日本兵座談會記錄并相關資料》，臺北：中央研究院臺灣史研究所籌備處。

國立臺灣文學館編

二〇一二，《臺灣現當代作家研究資料彙編20　陳千武》，臺南：國立臺灣文學館。

陳柏棕

二〇一〇，〈血旗揚帆：臺灣海軍特別志願兵的從軍始末（一九四三—一九四五）〉，臺北：國立政治大學臺灣史研究所碩士論文。

二〇一二〈若櫻的戰爭足跡：台灣海軍特別志願兵之部署與戰後復員（一九四四—四六）〉，《台灣國際研究季刊》第八卷第二期，頁三五—六七。

二〇一三，《軍艦旗下：臺灣海軍特別志願兵》，臺北：國史館。

二〇一八，《護國丸：被遺忘的二戰臺籍海軍史》，臺北：月熊出版社。

彭琳淞

二〇二一，〈日治時期台灣人兵役制度與戰爭動員〉，臺北：國立政治大學臺灣史研究所博士論文。

五、戰地的白衣天使：看護婦與軍醫

在戰場，除了上陣殺敵、後勤補給外，最重要的就屬醫護救援了。軍醫、護的重要性在於維持軍隊的體能與戰鬥力。在十九世紀中葉的克里米亞戰爭中，知名英國護士南丁格爾，自願到戰場服務。她透過出眾的護理技術，以及在野戰醫院優秀的管理能力，讓英國士兵死亡率大幅降低。幾十年後的日俄戰爭期間，日本用以對應水土不服、傷寒桿菌的征露丸（正露丸），被軍醫森鷗外拿來當作治療腳氣病的強效藥，雖然日本打贏勝仗，但卻導致軍隊死傷慘重。上述兩則小故事都提醒我們，軍醫、軍護的決定對士兵生存率有直接性影響。值得注意的是，南丁格爾不只改變了女性護士的形象，更成為女性得以投身報國的最佳案例。

時空拉回二戰期間，自一九三七年後戰爭不斷擴大，戰場上出現許多救援、診療的需求。該年十月日本政府公布〈陸軍軍醫豫備員令〉，在日本和臺灣招募合格的醫師前往戰場服務。一九四〇年，為了照護前線不斷遽增的傷員，日本赤十字社開始在臺灣募集並訓練高等女學校畢業生擔任「戰時救護看護婦」，即到戰場協助軍醫、支援救護的護士。一九四一年，珍珠港事件後，日本政府的海外戰線逐漸擴大。同年，臺灣各地陸、海軍病院陸續募集「從軍看護婦」，即須隨軍隊移動協助軍醫或各部隊的衛生兵的護士。因此，此時戰場上除了男性，更多了投入看護救援的女性。據統計，戰爭期間至少有一千名以上的臺灣女性被徵調至海外擔任看護工作。斗六的黃玉緞與臺南的吳平城，在此背景下，先後以「從軍看護婦」、軍醫的身分至南洋，他們參與戰爭、救人無數，卻也在心中留下難以恢復的傷口。

從軍看護婦與千人針

斗六的黃玉緞出生於一九二〇年，她在二十一歲那年看到臺南陸軍病院招募看護婦的廣告，前往應募、通過測試，並獲得派遣南洋的機會。一九四一年，她結識了被送到醫院的日本陸軍伍長遠藤。生病的遠藤先生看到剛拿到看護婦執照、對工作充滿熱誠的黃玉緞，感慨地認為自己已經不能再上戰場了，但身為女性的她卻要遠赴前線，因此將自己的千人針轉交給她。

黃玉緞從遠藤先生手中接過千人針，激動地顫抖著……此時陽光灑落在病房以及遠藤先生的身上。而她看著千人針上縫有五錢和十錢，意味著超越「死線」（日語的四錢）和「苦戰」（日語的九錢）。自中日戰爭爆發後，女性透過縫製千人針、舉辦歡送會為前線的戰士加油打氣，但她反而因為「從軍看護婦」一職，成為收到千人針的勇士之一。在臺南陸軍病院訓練幾個月後，她就這樣帶著千人針，抵達馬尼拉的日軍南方第十二路軍戰地病院。

一九四一年至一九四四年初，在戰地病院的生活還算祥和，最忙碌的時候就是協助傳染病的防治。直到一九四四年十月，美軍開始反攻，戰爭越發激烈。不論是軍船、飛機抑或是官舍都被重創，醫院每日湧入超越負荷量的病患。一九四四年十二月左右，他們終究守不住醫院，因此將整個醫院往深山叢林裡遷移。衛生兵們砍伐竹子，看護婦們進入叢林採取藤條，一同搭建起野戰醫院。此時，醫療資源已經極度缺乏，水桶是廢棄油桶製成，手術台與臨時病床則是用青竹簡易搭建。當時連醫用的繃帶也嚴重不足，士兵們如有受傷往往膿瘡生蟲，若是有人需要換藥就將他原先的繃帶拆下來洗乾淨繼續使用。

然而，即便野戰醫院高掛紅十字的旗幟，依然躲不過美軍的空襲。因此，他們很快就放棄野戰醫院，再度遷往深山。看護婦們除了照料病患，亦要留意敵機的轟炸。黃玉緞指出：「每天，我總要帶著一群老弱傷兵躲入防空壕……白色的病人成了絕佳的轟炸目標……連看護婦都無從倖免，許多日籍同事被炸得體無完膚。」那時，她正背著五捆行李，一邊躲避軍機掃射，一邊運送病患。然而，空襲讓病患死傷無數，危及的戰況也早已無備置墳墓的餘暇，因此看護婦們還要忙著將屍體丟下山谷。這讓黃玉緞悲從中來，想著這些死亡的士兵從前也是光榮出征的人子，如今卻在遙遠而陌生的南方成為冰冷的殘骸，他們的靈魂能夠回家嗎？幾個星期後，自己是否也將和他們一樣？想到這裡，黃玉緞開始落淚，並且摸摸身上的千人針，思考曾經征戰沙場的遠藤先生是如何面對這一切苦難。

一九四五年七月二十日，黃玉緞和其他倖存的看護婦，接到「玉碎」命令。該任務要求女孩們隨著士兵到指定地點，圍坐成一圈，等待手榴彈丟出，全體將如同櫻花般紛飛，並和敵人一起死去。所幸，直到戰爭結束前他們依然沒有行軍到指定地點，因此她也免於死亡。回憶起戰爭的一切苦難，她只記得不論晴、雨或遭槍彈掃射，皆將千人針貼身攜帶，當作保護自己生命的信物。或許是千人針集眾人之信念與遠藤先生的期望，才將好運與信心帶給在戰場上無所依靠的她。

烽火下的軍醫日記

戰場的另一端，是被迫至前線的臺南醫師吳平城。一九四四年一月十二日，夜色濃得透不出光，因敵機空襲跳船的他，正在海水中載浮載沉。此時，四周瀰漫著屍臭、船體流出來的汽油等刺鼻的氣味。遠遠地，依稀聽到有人唱著〈君之代〉，幽微的聲音襯托出沉船壯大的場面，彷彿把一切犧牲都化為義舉。他摸摸自己的胸膛，隨行的日記本還在，但如同他一般已被海水浸潤、侵襲。他開始擔心著這是否是這輩子最後一本日記，腦中也浮現一連串的人生跑馬燈……

一九一四年生的吳平城，一九三四年進入日本岩手醫專就讀，一九三八年畢業後服務於臺南西港組合病院，隔年便離開醫院成為臺南海尾寮的開業醫。好景不常，隨著日本的戰事擴大，前線的護理人員缺乏，一九四二年二月，臺灣總督府由招募改為強制徵用醫師、醫事人員以及看護婦至戰場。此法規的出現，前線的醫療救援因而從志願轉為非志願。

一九四四年，他被徵召成為軍醫。當時軍醫被徵召的條件是醫專或是醫大畢業，以未婚且沒有家庭、未滿四十五歲的開業醫師或是住院醫師為原則。但遴選是交由各地的醫師公會負責，他們有權利依照實際情況進行調整。因此，吳平城被所屬的臺南州新豐郡醫師會徵召，他和一批一批的臺籍醫師前往淡水河畔，接受一個月的特訓。這一個月內，每日的行程大概是早起做體操、唱軍歌、跑步後，就到臺北帝國大學（今臺灣大學）醫學部以及熱帶醫學研究所上課。然而，由於戰事緊迫，所以還未受訓完就已經有部分醫師被派遣出航。吳平城於一九四四年九月二十五日，正式接到命令，三天後就至高雄港集合出發前往南洋。而他也將南洋的驚險軍途記錄在日記當中。

1. 神靖丸的浮沉

一九四四年九月二十八日，天空剛剛亮成魚肚白，吳平城已和一群醫師聚集在臺南火車站搭車前往高雄，準備搭上神靖丸。神靖丸是一艘商船，載了米糧、糖、雜貨，同時也搭載了五十九名醫師和三名藥劑師。事實上，當時戰線告急，軍部和前線已逐漸失去聯絡，並不知道各戰地需要的醫師數量，因此醫師們就這樣毫無頭緒的準備前往未知的南洋。然而，預定出航的時間卻因為美軍的定期轟炸一拖再拖，直到十二月一日又再度啟程。由於一九四四年十月開始至十二月，日軍在菲律賓雷伊泰島戰役逐漸趨於劣勢，致使美軍掌握菲律賓海岸的戰略位置。神靖丸的航線只能由西向中國航行，經過香港、海南島，一邊在沿岸停靠補給商貨，一邊等待可以進攻南洋的時間。此時，醫師們除了下船協助醫務，也有足夠的時間在船上打麻將、閒聊，並且至香港和海南島的口岸體察民情。十二月二十五日，日軍趁著美軍過聖誕節的鬆懈氣氛，於上午九點決定自中國前進南洋。一路上船隻以Z字型航行以躲避海上的空襲，同時又被海風吹得晃蕩不已，不少醫師在船艙上吐下瀉。十二月二十六日終於進入安南（越南），接下來也在西貢（胡志明市）近海的聖雀岬（Province du Cap Saint Jacques，聖雅克角省，又稱頭頓省）一帶航行。

說起來，一九四五年一月十二日絕對是令吳平城永生難忘的日子。即便前幾日時不時有空襲警報，但絕對沒有那日凌晨三點來得驚心動魄。神靖丸受到美軍的攻擊，船艙在槍林彈雨之下已然要解體。吳平城在沉船之前快速的爬上鐵梯欲離開船艙，沒想到才往上蹬兩、三步竟被另一位工員捷足先登，一群人擠在狹小的鐵梯上，用力地踩著同伴希望能夠死裡逃生，這時即使重要東西掉了也只能放棄撿拾的機會。好不容易到甲板上，眼看船就快沉了，船上的欄杆、臨時廁所在船的另一側淹沒入水。他跑到船體較高處，躬身跳水、用盡力氣遠離船體，但入水那刻卻被瞬間的漩渦捲入，不論如何掙扎都感覺被水重壓到無法離開，這樣的狀況維持了將近三分鐘。

繁華的西貢港。（圖片來源：〈皇軍上陸した西貢　南佛印貿易に賑盛を誇る西貢港〉，《臺灣日日新報》，一九四一年八月一日，夕刊，第二版。）

短短時間內，他和神靖丸一同在海裡載浮載沉，在他將要窒息之際，所幸浮上海面。他環顧四週，多是浮油、油桶、厚重的隔貨板、屍體以及散落的行李，而戰鬥機還在空中亂舞。他努力游向岸邊，每當敵機靠近時，就潛入水中躲避追擊。好不容易在一片狼藉的海面發現還活著的同伴，有人顫抖、有人悲壯激昂地唱著日本國歌，每個人都像神靖丸的殘骸一般無奈地在水中漂流、潛藏。他隨身攜帶的日記也隨之泡水，因此就停在十一日。據統計，神靖丸上的五十九名醫師，最後只剩十八人，三名藥劑師全亡。船長受重傷，醫務助手剩下約五分之一左右、船員剩下三分之二，總之整體情況慘不忍睹。

2. 死劫後的漂泊與戰地病院

約莫在海上漂流了兩個小時，吳平城終於抵達越南鵝貢的海邊，並和幾名倖存的同袍陸續上岸。他們在當地人的指點下，抵達附近的衛生所休憩，且對受傷的士兵進行緊急處理。一九四五年一月十二日，他們在鵝貢待到夕陽西下，軍部派了一艘船來接他們回西貢。同日，他將日記本換新，象徵著新旅途的展開。

夕陽餘暉的襯映下，西貢的河道上，尚有十餘艘被炸毀的大小船在燃燒，血染的紅色大概是這幅景象的代表色。他們附近的傷患全都集中到了西貢市的碼頭，吳平城在附近的醫務室，進行傷兵救治，並協助防空壕的挖設。二月十九日，他連同幾位倖存的醫師被派遣至新加坡，因此搭乘第三共榮號再度起航。二十四日抵達新加坡後，派遣地點由於戰爭混亂、資訊流通不佳，依然無法確定，最後在三月十一日又再度改派回西貢。

四月七日，他正式啟程，該日是第二本日記書寫的最終日，說明著一段沉船後的混沌時期即將結束，但他對於未來卻無法有太多想像。為了不要在航行之中再度受到美軍攻擊，吳平城透過交涉讓自己和同行醫師坐上較貨船、商船更為安全的海軍病院船，再度回到越南西貢。經過將近三個月的漂泊，他終於在西貢開始診療工作。

在西貢待了十二日後，他又再度被派往聖雀岬，在這裡瘧疾是一大問題。他報到的第一天，就為瘧疾重症病患輸血。接下來每天的工作就是上午進行門診，下午用顯微鏡觀察瘧疾患者的血液樣本，偶爾也會注射霍亂預防針，或依照軍官長的需求進行往診。五月中旬，他也隨著軍醫長至附近村落調查瘧疾，發現當地的飲水有高比例的瘧原蟲，地方上百分之九十的人有脾臟腫大的問題，一番探究後才知道此地是高染病率的瘧疾疫區。吳平城記錄當時的瘧疾患者很多，尤其惡性瘧疾，相較於臺灣皆較難治療。

除了瘧疾，最常遇到的是性病問題，只要有軍妓院就無法避免性病產生。他的另一個工作，就是診療軍妓院的女郎。聖雀岬軍妓院的女郎大約二十名，全部都是越南人，每個星期都要固定接受梅毒、淋病的檢查。一旦發現感染，就得立刻休業。六月是聖雀岬的雨季，緊接著就爆發了登革熱，但是同一時間，日軍的戰況已呈現頹勢，十分危急。過度的工作和疾病肆虐的影響，軍醫長已臥病在床。而吳平城一人診療滿營的登革熱患者，已經累得無力再寫日記，因此他在南洋的最後一冊日記停在六月七日。之後便不再逐日書寫，偶爾以週記或隨筆方式撰寫。

一九四五年八月，戰爭結束。吳平城九月離開日本部隊，結束了軍旅生涯，並在無政府狀態下的越南西貢度過將近一年的時間。一九四六年四月二十六日，他登上停在西貢碼頭停泊的水雷布設艇，和滯留越南的軍民一同重新啟程回臺灣。當船艇自西貢，經過聖雀岬時，他發現神靖丸的蹤影已然消失，想起這段軍旅以及戰死在神靖丸上的同袍們，一陣惆悵。五月一日，他終於踏上高雄港的土地，並在那日寫下一首詩紀念回臺的心情：

大戰夢靨征人醒，
雨過天晴故鄉行，
重生還祈濁世寧，
鞠躬奮力報門庭。

記憶所繫之物

不論是黃玉緞或是吳平城，兩人在戰場上的經歷已經超乎他們原先作為一名醫事人員的想像。返臺後，吳平城先後在臺南安南區、臺北民生西路一帶開業。一九七七年，移民美國紐約。然而，即使離開了戰場，那段戰爭時期的辛酸血淚依然記憶猶存。二戰期間，他在日記中寫下的字字句句，不只是記錄當時的心境、人生片段，更是他對戰友的記憶，以及內心難以抹滅的傷痛。一九八八年，在家人鼓勵下，將日治時期擔任軍醫時用日文書寫、內容較為片段的日記，以中文重新整理。

經過兒子和朋友的潤稿之後，於美國《太平洋時報》以及臺灣《自立晚報》連載。隔年，在《自立晚報》編輯部的邀請下，出版為《太平洋戰爭：軍醫日記》，這本日記不只是回望過去，也有警惕和展望未來的作用。他將此書獻給四十五年前淹沒在西貢海底的神靖丸、戰友及其家眷，揭露這段沉痛但不能被遺忘的歷史。

同樣是對於戰爭的反思和紀念，黃玉緞則是藉由千人針來傳達戰爭記憶以及對恩人的感謝。她回憶：不論環境多艱困，她都把遠藤先生給他的千人針隨身攜帶，甚至貼在身體上。她認為這件千人針帶她躲過流彈、敵軍偵察，給予她無限的勇氣，並保護她在戰場上脆弱的生命。終戰後，她進入美軍集中營，千人針從戰爭的護身符，轉而成為思念家鄉的信物。一九四六年三月她終於得以返臺，這是她離家五年後再度回到故土。然而，此時早已人事全非，街道上的太陽旗換成青天白日旗，送她千人針的遠藤先生，已隨著戰敗軍隊回日本。但黃玉緞為了感謝遠藤先生的千人針讓她度過戰爭艱難，持續不懈地找尋他的音訊。終於在二〇〇二年，透過日臺交流協會聯繫上遠藤先生的女兒，並得知遠藤先生已於一九五〇年逝世。二〇〇三年四月，遠藤先生的女兒來到臺灣拜訪她，黃玉緞除將千人針感恩地交還，也講述自己與千人針的故事。遠藤先生的女兒回日本後，將千人針獻祭於父親墳前，並將照片寄給黃玉緞。終戰六十年之後，她終於將珍貴的禮物奉還，因此她看著照片感動地流下眼淚。

從黃玉緞到吳平城的故事，可以看到作為戰火中的白衣天使，他們聆聽病人痛苦的呻吟，被賦予戰場上積極救援的任務。但當他們深陷疾病、戰火時，誰又來救贖她／他們？日記和千人針雖然是兩個看似平凡的物質，但卻是他們心靈的出口，除寄託思念、記錄實況，也賦予他們白衣天使外的一點人性，以及反思戰爭、恐懼死亡的權利。

★日本赤十字社

紅十字國際委員會（International Committee of the Red Cross, ICRC）創設於一八六三年，以戰爭的人道救援為目的。而日本赤十字社的前身為「博愛會」創設於一八七七年，直到一八八七年才改稱日本赤十字社，一九〇二年在臺北市東門町設立臺北支部。自一九三〇年代自一九四五年，曾派遣大量赤十字看護婦前往戰區。

★**日軍占領越南**

二次大戰期間，日本和德國、義大利同為同盟國。一九四〇年五月納粹德國順利占領法國，九月日本就決定派遣軍隊占領法屬印度支那（越南），日方稱作「仏印進駐」。此次占領，被視為日本建立「大東亞共榮圈」重要的行動之一。其中，吳平城所在的「西貢」即今日的胡志明市，是當時的大城市，且擁有可作為軍事使用的港口資源。

★**瘧疾（Malaria）**

又稱「麻拉利亞」、「マラリア」，是以瘧疾原蟲為中心散播的寄生蟲傳染病。冷熱交替的病症是此疾病的一大特徵。由於瘧疾原蟲的宿主為蚊子，因此日治初期曾引進「對蚊法」防瘧。一九三〇年代後，隨著醫學的知識增長，以奎寧為藥逐漸成為主要的治瘧方式。

參考書目

大谷渡
二〇一一，《看護婦たちの南方戦線：帝国の落日を背負って》，大阪：東方出版。

吳平城
一九八九，《軍醫日記》，臺北：自立晚報文化出版部。
一九六六，《海軍軍医日記：臺湾の医師、南シナ海から九死に一生》，東京：問題と研究。

吳欣樺
二〇一四，《煙硝與白衣：日治末期的台灣從軍看護婦》，臺北：國立政治大學臺灣史研究所碩士論文。

近藤正己
二〇一四，《總力戰與臺灣：日本殖民地的崩潰（上）（下）》，臺北：國立臺灣大學出版中心。

陳惠美

二〇〇一，《日台合作台湾人従軍看護婦追想記：すみれの花が咲いた頃》，東京：展転社。

黃玉緞口述、鄭麗玲記錄

二〇〇三，〈千人針：我的青春與哀愁〉，《臺灣風物》第五十三卷第四期，頁九—二〇。

顧雅文

二〇〇四，〈日治時期臺灣瘧疾防遏政策：「對人法」？「對蚊法」？〉，《臺灣史研究》第十一卷第二期，頁一八五—二二二。

六、夾縫中求生存：從戰俘監視員變戰犯

離別故鄉八年滿。漂泊渡海四五位。
茫茫渺渺是命運。現在生活誰不知。

——林水木，一九五〇年於馬努斯監獄

這是一九五〇年戰俘監視員林水木，被關押在馬努斯（Manus Island，巴布亞紐幾內亞馬努斯省中的一個島）監獄中所寫的詩，後來收入他在一九八八年出版的回憶錄《戦犯に囚われた植民地兵の叫び》（《被捕為戰犯的殖民地士兵的吶喊》）。內容描繪他離鄉八年，被關押後、前途茫茫的心境。一九二五年出生的高雄岡山人林水木，於一九四二年前往婆羅洲成為戰俘監視員，原本堅信是為國服務的他，卻在一九四六年於澳洲接受軍事審判，幾經周折最終定居於日本。

回憶那段過往，他指出：「儘管我們和日本同樣背負著戰爭的苦痛，但我們這些殖民地出生的戰犯，由於殖民地出身的不利條件，卻被日本政府拋棄了。被戰勝國鄙視、在戰爭中受苦，我也失去寶貴青春，為何會如此呢？想想究竟是為了誰成為戰犯！」林水木發自內心的吶喊不只是一個引子，更是部分臺灣人徘徊在國族之間的掙扎。他們夾在日本政府和戰俘之間，一方面被迫依上級指令處決戰俘、一方面又同情其遭遇，最終卻成為國際戰爭審判的戰犯。什麼是戰俘監視員？何以遭受重罪？

一九四一年十二月，日軍在太平洋戰爭中擄獲大批英國、澳洲等同盟國的戰俘，並在南洋設立戰俘收容所，負責警戒、收容等事務。據統計，爪哇島收容了約三萬名戰俘，泰國、馬來半島約二萬名、菲律賓約一萬五千名、婆羅洲約五千名。由於戰俘的管理需要更多的人手，因此招募臺灣人、朝鮮人擔任戰俘監視員。一九四二年六月，日本軍方委託皇民奉公會在臺灣招募，並且開出優渥的條件，例如：外派戰地薪水加給較其他軍屬高。同時，由軍方負責食、衣、住等。因此，部分青年被高薪、時代氛圍吸引，前去應募。同年七月，軍方分別在新竹口湖、嘉義白河設立訓練所，對監視員進行訓練後，才派遣至各地的戰俘營。

戰俘監視員

和林水木同一年抵達婆羅洲古晉戰俘營的柯景星，對監視員的工作記憶猶新。身為戰俘收容所的一員，他們受到嚴格的控制，服從天皇是軍隊基本原則。一九四二年初時，當地已有一些在印尼俘擄的盟軍。而監視員們隨即拿到一本印有音標的馬來語小冊子，大家各自練習。部隊中雖然配有通譯，但監視員們必須學習簡易的馬來語和俘虜們溝通。此外，由於婆羅洲當地也有一些華僑，為了不被發現是華語族群並守護軍密，軍部讓監視員們都改成日本姓名。柯景星改名為「河村輝星」，被編入戰俘收容所「灘九八〇一部隊」。監視員之間彼此不分階級，但亦不屬於軍人。

一九四二年底，約有六千多名英、荷戰俘在馬來西亞、新加坡、緬甸、蘇門答臘等地投降，並被送往婆羅洲古晉戰俘營。戰俘營為橡膠園改建，外頭有層層鐵刺網。戰俘的安置為男女分離制，偶爾有家庭小孩和母親一起管理。柯景星當時被分到戰俘營的第三分遣所擔任監視員，主要工作是前往Rahman監察戰俘修築道路，同時也須到軍火庫領火藥，作為爆破開山之用，工作十分危險。此外，監視員除擔任看管俘虜的工作，亦須擔任風紀衛兵，維持士兵紀律。一名監視員管理大約五十名戰俘，巡邏時身上所帶的武器皆是真槍實彈。對他們而言，站衛兵、看管是最重要的工作，若有俘虜逃走，則監視員要受到很嚴厲的懲罰。

戰爭接近末期時，美軍時常空襲。每當「嗡、嗡、嗡」的飛機聲響劃破天際，俘虜們就會進入事先預備好的防空洞，而監視員則頭戴鋼盔，跳入一座只能容納一人且約至眼睛高的土坑，手持機關槍向著俘虜，避免有人逃跑。由於空襲頻繁，海運也被盟軍封鎖，島上的糧食逐漸減少，營養不良、傳染病接踵而至，俘虜營每日都有十幾人死亡。

裡外不是人的殘酷工作

「啪、啪、啪」摑掌的聲音不絕於耳，監視員打到手紅腫，而盟軍戰俘們則是各各頭昏眼花、七昏八豎。說起關於藉由摑掌來教訓盟軍戰俘一事，林水木在自述的回憶錄中提到：由於監視員在白河訓練所時，除被教導愛國、服從的精神，也時常被上級施以吼叫和摑掌的教育，一連串的訓練讓他們對此習以為常。到前線的戰俘營後，他們作為執行軍令的一份子，亦得遵從長官對戰俘摑掌的要求。然而，不只是林水木，許多監視員事實上夾在戰俘和日本軍方之間。他們內心時常有許多掙扎，一方面要如同機器一般遵從命令；另一方面，每當他們依照軍令刑處戰俘時又得面對自己柔軟、脆弱的人性。

一九四五年初，婆羅洲島上風聲鶴唳，日軍已聽聞盟軍準備登陸島嶼北部。古晉的戰俘營分遣所紛紛開始移動、撤退。震驚國際的「死亡行軍」便是在此時發生，當時位於山打根戰俘營原有英、澳籍戰俘近二千名，在經歷二次「死亡行軍」後，最終只剩六人存活。第一次行軍於一九四五年一月、二月陸續出發，日軍規畫戰俘要在三個星期內走完四百公里的路程，但此次行軍日軍並沒有給戰俘配給適當的米糧和水。日軍從中挑選近五百名戰俘負重背糧，這些戰俘幾乎營養不良、瘦骨嶙峋，甚至身懷重病，當他們穿越無風的赤道、燥熱的叢林與沼澤時，過度的勞動和補給不足，使他們一腳踩入沼澤就無法再起身，最終不堪勞碌而死亡。第二次行軍於六月二十五日，相較於第一次，軍方有計畫地射殺走不動的戰俘。當時在山打根戰俘營的臺籍監視員約有一百多名，他們被要求以爆破、毒煙、溺殺等方式，將戰俘集體或個別處死。加上行軍遙遠的路途、肆虐的疾病、營養不足，讓由山打根出發撤退的戰俘死傷慘重。

同年，柯景星已轉移到位在納閩（Labuan，馬來西亞沙巴西南部）的四分遣所，該所原有二百多名俘虜，在災荒和疾病的肆虐下，最終剩下四十至五十人。三月，他所待的第四分遣所也開始撤退，他和幾位監視員帶著戰俘往婆羅乃（今汶萊）移動。在婆羅乃待了大約二、三星期後，他們移動到美里（Miri，馬來西亞婆羅洲內），由於糧食不足、醫藥缺乏，許多戰俘因而生病。時至六月，生病的戰俘不但沒有生產力，甚至消耗米糧，造成撤退的不便。然而，若將戰俘釋放，即有洩漏軍情的風險，因此柯景星的上級長官杉野鶴雄下令凌虐所有戰俘並槍決。柯景星想起過去這群戰俘溫順服從，他自己也曾多次私下協助戰俘的生活，兩方建立良好的友誼。故他在值班室偷偷地看《日內瓦條約》，以「條約中明訂不能凌虐戰犯，亦不能施以死刑」為由，為這群戰俘向長官求情，但卻遭長官以軍紀嚇阻。

是日，隊長集合所有人，戰俘們成群被帶到鐵絲網後，大多默不作聲，有些人向柯景星討了菸，折成一半和朋友一起解癮。長官一手拿刀，一手短槍對著監視員，下口令讓他們裝子彈上膛、上刺刀、按下板機。他半閉眼，不忍直視這些曾經和自己相處過的人們，成為一具具倒下的屍體。子彈發射後，監視員們手抖著，紅著眼眶，卻欲哭無淚。柯景星回憶道：「如果我當時不開槍，那肯定必死無疑！」行刑完後，監視員們將戰俘的屍體就地掩埋。至於戰俘的名單，似乎已被隊長私下燒毀。

成為B、C級戰犯

一九四五年八月，戰爭宣告結束，臺籍戰俘監視員也隨著日軍紛紛向盟軍繳械投降。柯景星在十月被送入位於美里的戰俘營，從監視員瞬間變成戰俘。在審判之前，這些戰俘由澳軍管理。關押的過程中，日軍戰俘亦受到澳軍的報復性對待。若身上有貴重物品，會遭澳洲士兵剝奪一空，若無任何東西可以拿取，則將受到一頓挨打。十二月，柯景星等人被押送到納閩準備接受澳洲軍事法庭審判。納閩戰俘營的生活十分困苦，澳軍要求戰俘不論晴雨每日要繞營區跑步，帶隊的人拿著橡膠管邊打邊要戰俘們不停地向前跑。營區四周都用鐵絲網包起來，四個角落各配有一隻機關槍，因此沒有人試圖逃跑。伙食方面，由於戰後物資短缺，多是吃泡在湯中的豆子或胡蘿蔔、樹葉，僅只果腹而已。

戰爭結束後，總計有一百九十名臺灣人被指控有戰爭犯罪行為，因此受到各國盟軍的軍事法庭審判。其中，有九十五名在澳洲接受審判，在英國受審者二十六名、在荷蘭受審者七名、在美國受審者四名、在中華民國受審者五十八名。臺灣人多被定罪為B、C級戰犯，但有二十一名被判處死刑。若以結果觀之，在戰場上殺害俘虜的基層人員，因是受命執行，故為C級戰犯。在戰地司令部服役，或是有司令官、參謀以上位階者，多為B級戰犯。而大本營的總司令，則背負較大的戰爭責任，被列為A級戰犯，例如東條英機。

來自臺北海山同是戰俘監視員的簡茂松，與林水木是古晉戰俘營第一分遣所的同事。他在安布拉（Labuan Bajo，印尼佛洛勒斯島西端）接受澳軍審判，並有深刻記憶：所謂的法庭就是架在沙灘上的大帳篷，臺籍戰俘和日籍戰俘一同在帳前按序等待，每次叫七、八人入帳，每個人平均判決時間不到五分鐘。三名著澳洲軍服的法官坐在前面，兩旁為著軍服的檢察官，日本律師亦陪同在內。林水木和簡茂松所涉入的案件，與古晉戰俘營中不當對待戰俘有關。簡茂松在澳洲出席過兩次審判，第一次是起訴和求刑，第二次是宣告判決。在他的印象中，日本律師沒有積極為他進行抗告申辯，只為判處死刑的日軍極力開脫，希望他們被改為無期徒刑。許多臺灣人被判無罪，但他卻因為在工作時打盟軍俘虜兩記耳光，而招來五年的牢獄之災。監視員們之間對此次判刑，甚至流傳著「一個嘴巴（巴掌）五年，一記拳頭十年」的說法。

林水木的處境同樣艱困。在他的回憶中，大多數上級都只關心自己的未來和生活。他的長官在審判時，嘴裡重覆著「不知情、不知道」等說詞，將虐打盟軍的事情通通推給了臺籍以及韓籍監

一九四六年位於東京的遠東國際法庭審判情景。（圖片來源：Photograph by the United States Army Signals Corps. Collection by State Library of Victoria. Published on Wikimedia Commons in 2006. (cc0)）

視員，以此脫罪。林水木在無法為自己辯解的情況下，被盟軍法庭求刑十五年，減刑後被關押十一年。長官將自己的罪刑脫得一乾二淨，而被洗腦成為忠誠愛國者的臺人最終卻成為階下囚，如此也給林水木一記當頭棒喝。

而柯景星因曾參與美里射殺戰俘的案件，故一九四五年十二月時在第一次軍事法庭被判處死刑。當判決剛落下，他心裡感到無限委屈，因為許多戰俘是生病死亡，且射殺一事也是被軍令所迫，毫無選擇的餘地。幾日後，日本律師便來詢問柯景星的家庭狀況，他們相當同情臺籍戰俘監視員的遭遇，並將為其爭取減刑。一九四六年一月，柯景星二度踏上軍事法庭，在律師團的努力之下改判十年有期徒刑。其他戰友，有從死刑改為有期徒刑者，亦有無期徒刑被改判死刑者。在婆羅洲審判的戰友，有七人被送到拉包爾處死。

從南洋到日本的牢獄生涯

安布拉審判後，戰犯紛紛別上紅色X的臂章，成為盟軍的階下囚。林水木和簡茂松在服刑期間，經歷了摩洛泰島、拉包爾、馬努斯島等戰俘營。這三個戰俘營皆是四面環海、叢林環繞，與外界難以連結的地點。簡茂松回想，即使從安布拉到摩洛泰，也無法躲避盟軍的虐待。他們被迫進行砍伐叢林、整地、割草等粗重工作，在勞動期間也常遭澳軍和原住民警衛無端的以橡皮管或繩索抽打。報復性的對待，使得每天都有好幾個戰俘被送到醫務室。

一九四六年三月，柯景星至拉包爾服刑。六月，林水木、簡茂松也由摩洛泰移監至拉包爾。戰俘營在高地上，可以俯瞰拉包爾灣。營區內的建物、道路、土地都是由日本與臺籍戰犯強制勞動所建造而成。工作方面，階級較高者負責菜園，階級較低者則處理較為粗重的工作。通常一間囚室內住著四十至五十個人，不分官階通通關在一起。在拉包爾的日子，澳軍的報復行徑也沒有停止，許多死囚在行刑前遭受殘酷虐待。這些死囚被關在個別的牢房當中，槍決前一天，被戴上手銬，並被移監至五間獨居的混凝土房，待隔日即送至刑場。然而，即使拉包爾俘虜營的生活辛苦，但戰俘之間互相觀照，也讓這座水泥牢籠多了點人性和溫暖。簡茂松的長官今村均上將，將所有戰罪攬在自己身上，並曾多次試圖阻止澳軍虐打臺籍戰俘。每當臺籍戰俘因虐待準備暴動時，今村就會試圖安撫他們，堅持不懈地抗議澳軍的虐待行為。

幾年後，戰俘們又從拉包爾移監至馬努斯。簡茂松在馬努斯結束他五年刑期的最後時光，而林木水與其他臺籍戰俘，則是在當地再度進行體力勞動一段時間後，於一九五二至一九五三年陸續移監至東京巢鴨監獄統一監禁。巢鴨監獄在戰前是政治犯的牢籠，戰後則成為關押A級戰犯並行刑的地方，東條英機、板垣征四郎等人皆是在這裡被決刑。昏暗、冰冷的巢鴨監獄，囚了林水木一陣子，這裡沒有南國的溫暖，但也不會有被報復、毆打的皮肉痛。一九五六年八月他終於獲得減刑出獄。

亞細亞的孤兒，向誰討公道？

歷史的動力，會把所有的一切捲入它的漩渦中去的……我很同情你，對於歷史的動向，任何一方面你都無能爲力，縱使你抱著某種信念，願意爲一方面盡一點小力，但別人並不一定會信任你，甚至懷疑你是間諜，這樣看來你眞是孤兒！

——吳濁流，《亞細亞的孤兒》

文學家吳濁流的小說，描述日治時期臺灣人流轉於中國和日本之間的辛酸和苦痛。主角胡太明從小接受私塾教育，但是之後改讀公學校，甚至到日本留學。他在日本參加中國留學生集會，並聲稱來自臺灣，卻因口音和國籍問題被中國人懷疑是間諜。回臺灣後，胡太明成為臺籍日本兵至廣東戰場，目睹日軍用刑驚嚇過度，又被送回臺灣。弟弟被迫加入志願兵，卻因為勞動過度病倒。胡太明的家庭故事是臺灣人的縮影，而臺籍戰俘監視員更是吳濁流說的孤兒。戰前他們游走於日本軍方和盟軍戰俘之間，戰後成為戰犯，除了在各個監獄裡服刑，出獄後更成為日本和中華民國政府夾縫中的幽靈。

一九四五年十月中華民國接管臺灣，然而戰後經濟困頓、通貨膨脹，加之以陳儀為首的行政長官公署施政不利，民怨四起。一九四七年二月二十七日，臺北市天馬茶房附近發生查緝私菸打傷菸販、誤殺市民一事，成為壓垮民眾情緒的稻草，警民衝突以致發生「二二八事件」。事態之後不斷擴大至各縣市，軍隊也至各地鎮壓，死傷無數，餘波不斷。一九四九年，政府宣布戒嚴，臺灣隨即進入政治噤聲的白色恐怖時期。臺灣人要相信誰？祖國在何方？每個人都有如胡太明一樣的身分認同問題。

柯景星一九五三年十月取得臺灣入境證明，回到故土。但戰後臺灣島內情勢複雜，國民政府對於曾經有日本認同的臺灣人並不信任，他曾說：「如果我知道臺灣曾經發生過『二二八』，我就留在日本，不回臺灣了。」當從橫濱的大船靠岸基隆，柯景星和七名同行的戰俘好不容易踏上故鄉，卻馬上被警察帶下船，像對待犯人一般被拍了許多照片、按壓手印。之後更要他們每個月去警局報到，報告自己平時的生活，除了警察亦有特務在旁監視著他們。直到解嚴，當局對他的監控才逐漸解除。實際上，柯景星的經歷是許多臺籍日本兵的共同記憶。戰後，臺灣人早已被經濟壓力、國民黨的戒嚴體制壓得難以喘氣，「去日本化」成為國家的政策和思想精隨。但是，從小就接受日本教育的臺灣人能夠瞬間就轉換成為中國人嗎？曾經發誓對日本帝國效忠的日本兵們，即使回到故鄉，更要面臨心理層面的自我懷疑，以及國民黨對日本兵的忌憚。簡茂松想起許多早就回臺的戰友，對國民黨失望至極。經歷了二二八、白色恐怖，有人被殘殺，也有人長期被監控、迫害。

一九五三年，日本頒布《恩給法改正法》（「恩給」為軍公教人員退休給付，酬謝其對國家之貢獻）以及《戰傷病者戰歿者遺族等援護法》，給予戰殤病歿者相關賠償金。但此二法律保障日本國民，即使戰前臺灣住民曾是日本帝國國民並為其出征，然而根據戰後的政治事實，相關法規皆無法對非國民進行補償。如果不選擇回臺灣，是否在日本就能過上好日子？一九五六年，林水木在服刑結束後選擇歸化日籍，原以為回到心心念念的祖國，可獲得政府照顧並與日人同等待遇。但實際上，礙於戰犯身分以及十一年多的坐牢紀錄，他求職四處碰壁。儘管勤奮工作，但生活依然困苦。林水木向日本政府申請恩給，但卻被駁回，理由是：一、《恩給法改正法》實施前林水木不具日本國籍。二、林水木的牢獄生涯是出自於監視員的個人行為，與相關法規的原則不符。日本政府單方面簡化戰爭責任的理由讓他無法接受，因此自一九八二年開始與日本官方進行訴訟。這場纏鬥他一生的訴訟官司，不只為了自己，也為和他一樣遭遇的臺籍日本兵出口氣。

簡茂松在戰後維持中華民國國籍居住於日本，生活和林水木一樣艱困。他曾經在日本做過裁縫師傅，但受到成衣工業影響，因而轉行。戰犯的身分，讓他不被妻子娘家接受，最終離婚，並獨自拉拔四個孩子長大。為了生活，他成為一名流轉於東京街頭的計程車司機，也曾在一九五六年向日本政府申請恩給，但卻被日本政府以非國民身分拒絕。簡茂松永遠記得承辦官員對他說：「你們已經不再是日本人，所以沒有資格申請。」同年，他和一群前B、C級戰犯，以及前日本軍人等共同組織「臺籍戰犯同志會」向日本政府索賠。但經過幾次訴訟後，都被日本法院以沒有國籍身分等理由駁回。

直至一九九九年，韓籍日本軍人以《戰傷病者戰歿者遺族等援護法》的精神，要求日本政府發放軍人年金，並在大阪地方法院提起訴訟。此次結果出人意料，法院首次指出政府違反國際人權條款，並要求其迅速提出「獲得國際社會認同之補救措施」。受到該判決的影響，日本政府開始發放一次性的補償金，臺籍日本兵也含括在內。然而，簡茂松認為日方所支付的特別弔慰金金額過低，無法彌補他們自擔任軍人到退休所累計的損失，同時補助對象是「遺族與傷病者」，也就是說簡茂松的身分又再次被排除在外。

「為了祖國、為了天皇陛下，我獻上了十七歲至二十六歲的青春，日本這個國家卻說『因為你們不是日本人』而拒絕補償」，「我的舊『祖國』日本不做出補償，我死也不會歸化日本籍」。即使簡茂松的身分讓補償之路困難重重，他也不願意轉換國籍，因為他正在等待日本政府的公開致歉。二〇一三年，簡茂松離開人世，結束他漂泊的一生。直到他離世，仍是一名持中華民國國籍卻在日本為自己的認同和過去奮鬥的「孤兒」。最終，沒有等到舊「祖國」的歉意，也沒有拿到日本政府的賠償金。

「夾縫中求生存」不只是臺籍戰俘監視員的寫照，也是所有臺籍日本兵一生的心路歷程。時至今日，距離戰爭已將近八十年，臺籍日本兵的撫卹問題依然存在，當事人雖大多凋零，但他們的人權、尊嚴依然是我們要嚴肅面對的問題。

★死亡行軍

通常要求戰俘以徒步的模式從一個戰俘營到另一個戰俘營，並以苛刻的環境條件或體力勞動虐待戰俘，意圖使戰俘受到屈辱或酷刑。早在二戰之前世界各國就已有以該種行軍方式消耗大量戰俘，由於極度不人道，因此一九四九年的《日內瓦公約》將其定為戰爭犯罪行為之一。

★ 戰爭犯罪

基於人道主義以及區域的穩定，十九世紀末二十世紀初，歐洲各國以國際習慣為基礎訂立《海牙公約》以及《日內瓦公約》，其賦予國際紅十字會人道救援的合法性，亦對傷患保護、戰俘待遇有所規範。而戰爭犯罪即違反國際公約的戰爭或人道規定，如殘殺俘虜、種族清洗、故意殺害平民等，犯罪者須承擔刑事責任。

★ 臺灣也有戰俘營

二戰期間，日軍在臺灣設有十六處戰俘營，關押各同盟國的軍人。設營地點包括：臺北金瓜石（第一戰俘營）、臺中霧峰（第二戰俘營）、屏東麟洛（第三戰俘營）、臺南白河（第四戰俘營）、臺北木柵（第五戰俘營）、臺北大直（第六戰俘營）、臺北新店、臺北士林、臺北松山、臺北大安（臺北刑務所）、雲林斗六、彰化員林、高雄前鎮、花蓮港、花蓮玉里。

★遠東國際軍事法庭

第二次世界大戰結束後，為了確認大日本帝國的戰爭責任歸屬，特別於一九四六年五月至一九四八年間在日本東京市谷設置的國際軍事法庭。法庭運作由戰勝的同盟國挑選法官，並且依照國際公約以及《遠東國際軍事法庭憲章》(International Military Tribunal for the Far East Charter，又稱《東京憲章》)，將戰犯依照戰爭罪責分為A、B、C級。除在東京的審判，在中國、新加坡、馬來西亞、緬甸等地區亦招開軍事法庭審判，並按照《東京憲章》將戰犯分級、處刑。

★「思考會」與對日補償

一九七四年，在南洋叢林中發現的李光輝（中村輝夫），震驚臺灣社會，臺籍日本兵的待遇問題再度被社會關注。一九七五年，學界與文化各界人士組成「臺灣人舊日本兵補償問題思考會」（簡稱「思考會」），日本明治大學國際法教授宮崎繁樹被推選為首席代表，時任明治大學商學部教授的王育德為祕書長，許多臺籍日本兵亦為會員。「思考會」向東京地方法院提起賠償訴訟，並請日本自由人權協會支援律師辯護團，為臺籍日本兵追討利益。除了「思考會」，日本國內亦有十幾個由臺籍日本兵自行組成的團體。經過十三年的訴訟，日本政府終於在一九八七年訂立「關於臺灣人舊日本兵軍屬的戰死者遺族及重傷者與遺族的弔慰金法」（台湾住民である戦没者の遺族等に対する弔慰金等に関する法律），對於臺籍日本兵的索賠問題進行回應。但是該法對授受領者的資格嚴格限制，申請者必須設籍於臺灣，若已移居外地則不含在內。

參考書目

Paul Ham

2013, *Sandakan: The Untold story of the Sandakan Death Marches*. Australia: William Heinemann.

王致凱

二〇一八，〈以戰犯審判檔案探討二戰北婆羅洲臺籍戰俘監視員的戰爭歷史〉，臺北：國立政治大學歷史系碩士論文。

田中宏

二〇〇三，〈林水木国家補償等請求事件についての意見書〉，《龍谷大学経済学論集》（京都）第四十二巻第五期，頁一九—三三。

吳濁流

一九九三，《亞細亞的孤兒》，臺北：遠景。

周婉窈主編

一九九七，《臺籍日本兵座談會記錄并相關資料》，臺北：中央研究院臺灣史研究所籌備處。

黃宗樂、劉姿汝譯

二〇一〇，〈台灣籍日本兵請求給付補償金事件〉，司法院編，《日本最高法院裁判選譯第一輯》，臺北：司法院，頁三五—四〇。

林水木

一九八八，《戦犯に囚われた植民地兵の叫び》，宮崎：自行出版。

和田英穂

二〇一七，〈棄てられた台湾人：軍属及び戦犯の釈放と補償請求をめぐって・台湾人元軍人——〉，《中国21》（名古屋）第四十五期，頁一〇七——一二六。

湯熙勇

二〇〇五，〈脫離困境：戰後初期海南島之臺灣人的返臺〉，《臺灣史研究》第十二卷第二期，頁一六七——二〇八。

蔡慧玉

一九六六，〈台灣民間對日索賠初探：「潘朵拉之箱」〉，《臺灣史研究》第三卷第一期，頁一七三——二二八。

二〇〇八，《走過兩個時代的人：臺籍日本兵》，臺北：中央研究院臺灣史研究所。

濱崎紘一著，邱振瑞譯

二〇〇一，《我啊！：一個台灣人日本兵簡茂松的人生》，臺北：圓神出版。

鍾淑敏

二〇一七，〈二戰時期臺灣人的戰爭犯罪與戰後審判〉，李達嘉編，《近代史釋論：

多元思考與探索》，臺北：東華書局，頁三八五—四三〇。
二〇二一，〈二戰後臺灣人BC級戰犯之救援〉。陳姃湲編，《從臺灣與朝鮮反思日本的殖民統治》，臺北：中央研究院臺灣史研究所，頁二六三—三二〇。

藍適齊

二〇一七，〈在東南亞和太平洋地區的臺籍戰犯〉，《臺灣學通訊》第一〇〇期，頁二四—二五。

第三部

來到臺灣的中國老兵

郭立媛

一、糊裡糊塗變成兵：軍隊拉伕

一九三七年七月，盧溝橋事變爆發，中日戰爭正式揭開序幕。戰爭中除了有精銳的武器外，也需要數量龐大的士兵參戰。戰爭初期，在強烈的民族意識驅使之下，有不少熱血青年、游擊散兵、難民和失業青年，紛紛加入從軍救國的行列中，這些人成為當時最重要的兵力來源。隨著抗戰時間的延長及戰事日漸劇烈，不斷有士兵遭遇傷亡或被俘，使得國軍兵力不足的情況越來越嚴重，也無法招架日軍訓練有素的攻擊，致使國軍的處境變得更加艱難。

其實國軍的將領們也不是沒有積極招兵，只是這些從各地招募來的士兵，往往還未有足夠的訓練，就礙於情勢緊急被送上戰場，造成大量的死傷或因敗戰而逃亡。戰時生活辛苦，軍人們的待遇也很差，所以大家普遍都不願去當兵，當時還流行「好男不當兵，好鐵不打釘」這樣的話。再加上戰場環境艱苦，許多被招來從軍的年輕士兵，無法忍受四處行軍的艱苦，基於體力不堪負荷、無食物可吃或其他因素，始終不斷有逃兵的情形發生。

冒名頂替抽壯丁

軍方為了解決嚴重兵源不足的情況，只能將目標鎖定在各地從事農業勞動的壯丁身上。當時的中國農村仍需要大量勞動力，養活家人遠比從軍救國更為重要，所以從軍風氣普遍低落，軍方以公開招募的方式根本毫無成效，但又迫於戰事緊急需要大量兵力，因此在各地實施「抽壯丁」（又稱「抓壯丁」）的制

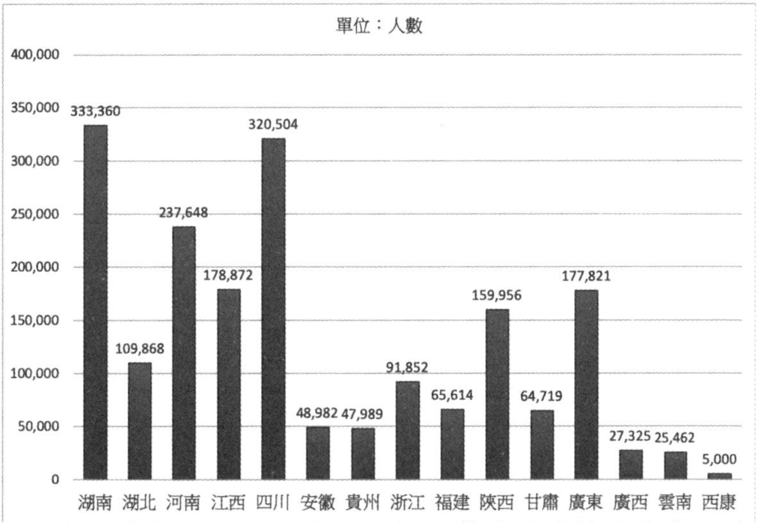

一九三九年一月至十月中國各省徵募壯丁人數統計圖。（圖片來源：依據國家檔案管理局資料製表）

度來徵集新兵。所謂「上有政策，下有對策」，面對政府的強制徵兵，有能力的人就會花錢解決，開始出現許多受賄替換或冒名頂替的弊端。而沒能力行賄者，除了冒險逃亡外，也只能服從命令接受徵召。

一九二二年出生於四川地主家庭的羅吉慶，家中有二位哥哥，一位姊姊。一九四〇年時因為國家需要兵源，縣政府就以「三丁抽一，五丁抽二」的原則強制徵兵。原本被抽中從軍的是他的二哥，但他的父親基於二哥已經結婚又是學醫等因素，就讓只有上過私塾的他頂替二哥去從軍，從此改變了他一生的際遇。

進入軍中的羅吉慶，很幸運沒有被送上戰場前線，而被安排到後方的補給工作。因為他在軍中表現優異，於一九四四年晉升准尉，負責全連的武器彈藥及後勤補給等裝備業務。但在戰爭時期從事補給工作也不輕鬆，常常因為作戰緣故，軍隊駐紮地要跟著遷徙。在他從軍期間，最早從四川開始，跟著軍隊到雲南、湖南、湖北等地，一路上幾乎都靠步行，唯獨在河南、河北的期間有搭過火車。對年輕的他來說，仍是一段艱苦的行軍歷程。

農村強拉壯丁

一九四五年八月中旬，日本宣布投降後，中國對日本的戰事才剛告一段落，隨即又爆發了國民黨與共產黨的內戰（以下稱國共內戰）。自一九四六年到一九四九年間，國共兩軍自東北開始進行激烈的對戰，原先處於優勢的國軍，在長期的征戰過程中，面對兵源缺乏、補給不足等各種不利的條件，只能撤離東北地區。在此期間，國共雙方軍隊為了快速補足兵源，在農村徵兵的情況比以前更加頻繁，甚至因為軍紀散亂，而有不同軍隊先後到農村抓壯丁的情況。原本應該要投入勞動生產的年輕壯丁，卻因強制抓兵而離開農村。

在這當中，有許多年輕人因為軍隊拉伕而不得不離開家鄉，甚至跟隨軍隊輾轉來到臺灣，最後在臺灣度過餘生。他們從軍的原因背後，往往有著許多精采而傳奇的生命故事。就像這位「是國軍也是共軍」的邢寶山，他的人生際遇就非常具有故事性。

一九三一年出生於遼寧省的邢寶山，幼時因為家裡貧窮，才讀了兩年書就開始工作賺錢。一九四七年的某一天，國軍二十五師七十三團一〇一連到他們村莊抓人當兵，當時十六歲的他正好在家門外餵雞，被路過的軍人看到，不久就有幾位軍人帶著槍到家裡找人。其中一名軍人用槍指著他母親，要求把人交出來，儘管他母親不願意，但最終也只能眼睜睜的看著他被軍人們帶走。他們村莊約有四百多戶，那次被抓走的青年總共有二十四人，分別用兩部馬車載到瀋陽的一個小村莊，和原先駐紮在那裡的軍隊會合。在軍隊裡先接受了三個月的訓練，學會如何使用槍枝，隨後就被送到前線的部隊，開始跟著軍隊行軍、打仗。但生平首次開槍的他，卻被槍枝的強大力道震斷了自己兩顆牙齒。當時他所屬的軍隊，對於他們這些被抓來的人都嚴加看守，如果有人試圖想要逃跑，發現後就會立即被槍殺。

國軍共軍分不清

一九四八年下半，國共雙方經歷幾次重大戰役後，國軍漸趨劣勢，華北、華中地區相繼淪陷，此時有大批的軍民往南方避難。在戰事頻繁的情況下，許多軍隊已無法維持既有的嚴謹紀律，更有因戰敗流離失所的士兵，在逃往南方的路上，被共軍俘虜或被國共兩方軍隊強拉從軍，以致逃兵、拉伕亂象叢生。

一九四八年，邢寶山所屬的東北第五十二軍，一路從瀋陽打到華北的山東，他說沿路上常看到水裡漂著許多死人。一九四八年十一月，華北地區情勢危急，他在山東煙臺那裡親眼所見，鐵路旁到處都是負傷的士兵，有的人中了槍不能動，有的人擠不上火車就卡在月臺旁邊，也有因為逃難被活生生壓死的。儘管國軍已陸續從華北開始撤退，但在一邊作戰一邊撤退的危急情況下，他只能跟著其他的軍人走，最後也不知道自己來到哪個軍隊，畢竟能保住性命逃出來已屬不易。最後他跟隨軍方的安排，從煙臺搭船到上海駐守。原本冬天在東北作戰時很冷，身上都穿著厚重的大衣，但是來到上海後就完全不一樣，大家換穿部隊發的輕便軍服，然後就在上海接受訓練。

一九四九年，時局更加混亂，國共兩方軍隊都在拉壯丁，如果沒有投效其中一方，很快也可能被另一方抓去從軍。甚至也會遊說俘虜加入自己的陣營，可見當時國共雙方軍隊的兵源都非常缺乏，急需補充大量新兵。

一九四九年五月，共產黨軍隊已經越過長江，開始朝上海進攻。當時上海聚集了不少從各地撤退到此的國軍部隊，到了五月中旬，國共雙方即在上海街頭展開了激烈的槍戰。某次作戰時，邢寶山的同鄉有七人不幸喪生，而他也被共軍打中兩槍，帶著傷躲到碉堡裡避難，等到槍戰結束後，共產黨軍隊卻把碉堡包圍住，帶走了裡面約六、七十位國軍士兵。

他們被帶到共軍部隊後，共軍就問他們要不要當人民解放軍，還說如果加入了共軍，他們家裡的人就能得到好處。雖然不知道能有什麼實質的好處，但邢寶山為了生存，決定加入共軍部隊。他跟著部隊行軍，從上海走到江西，期間軍隊還發薪餉，這是他原先在國軍部隊中所沒有享受過的待遇。後來部隊又繼續南下，來到福

古寧頭戰役後，在金門被國軍俘虜的共產黨軍隊陸續被押送回臺灣。（圖片來源：國家發展委員會檔案管理局提供）

建省的大秦島，當時正準備要攻打金門，也就是一九四九年十月的「古寧頭戰役」。在國共雙方對峙期間，他在壕溝裡躲避外面的槍林彈雨，等到戰事結束後，他和其他人又被國民黨軍隊俘虜。

這次同樣也有一位國軍的連長出面遊說他們加入，詢問是否願意跟著部隊去臺灣。當他們同意加入後，馬上就有人拿國軍軍服讓他們換上。因此，邢寶山在短短半年的期間內，先由國軍成為共軍後，又從共軍回到國軍陣營，這種身分的快速轉換，也是當時國共內戰下的一種特殊經歷。至於那些被俘的共軍，人數約有一、二千人之多，後來也陸續被押送到臺灣安置。重返國軍的邢寶山則跟隨部隊駐守金門海邊，直到一九五〇年十月，才從金門調回臺灣駐防，從此離開中國數十載。

異鄉團圓的新婚夫婦

儘管多數被拉伕的年輕壯丁都未婚，但少數已婚者仍無法避免被軍隊拉伕的命運。應小娘本名殷小娘，浙江省定海縣人。他是在一九四九年農曆正月初一的深夜，被無故闖進家中的一群持槍軍人叫醒，在沒有任何理由的情況下，隨即就在母親、妻子和姊妹們的哭喊聲中被強行抓走。當時的他才剛新婚不久，年紀也尚未滿二十歲。和他一樣被軍隊拉伕者約有五百多名壯丁，他們被迫跟隨軍隊搭乘漁船航向未知的地點，大約一星期後才抵達基隆港。緊接著又跟隨部隊轉乘火車到臺北市駐紮，就這樣來到陌生的異地，被迫成為軍隊中的一員。

應小娘與其他被強捉從軍的同伴們，每天白天都在烈陽下操練，晚上則以教室充當臨時的住所，這樣的軍中生活讓許多人漸漸無法負荷。大約二個月後的某天深夜，眾人決定一起逃兵，同行者當中約有三十人被軍隊抓回去，聽說隔天就被拉去槍決。而幸運的應小娘在逃跑後，先躲在一家餐館當學徒，後來被介紹到空軍中將許思廉的官邸幫傭。在許家幫傭幾年後，不僅取得許思廉的信任，許思廉也非常同情他的遭遇，暗中幫忙打聽他家人的下落，後來順利找到他的新婚妻子應雪花。一九五七年，他的妻子被安排從浙江逃到香港，再從香港輾轉來到臺灣，應小娘才與妻子在異鄉團聚。

這些中國老兵們糊裡糊塗地被迫從軍，是大時代下的犧牲者。有人在戰場上成為犧牲者，也有人在動盪的戰亂下，身分在國軍和共軍之間不停更迭。奈何他們在年輕時被迫與家人分離，偶然來到臺灣，從此離鄉數十年。

★古寧頭戰役

古寧頭戰役又稱「金門戰役」，是國共內戰後期重要的一場戰役。一九四九年七月，共軍南下進入福建省境內，先後發動了福州戰役、平潭島戰役、漳廈戰役……等。十月十七日，國軍棄守廈門後退到金門，共軍就決定要進攻金門，但受限於當時船隻數量不足，因此日期不斷延後。一九四九年十月二十四日當晚，共軍登上近三百艘船渡海進攻金門，經歷三天三夜的苦戰，在後援不繼的情況下，共軍作戰失利，最終宣告全軍覆沒。

此役中，共軍傷亡五千多人，被俘四千多人，但其中有些共軍是原來的國軍士兵，因此沒有被當俘虜後送，致使統計人數的說法不一。然而，國軍在古寧頭戰役中獲得勝利，讓共軍不敢再輕易發動渡海攻臺戰爭，不僅暫時穩住了臺海局勢，也確保了後續臺澎地區的安全。此外，國軍在中國大陸的戰事中連續挫敗之餘，藉由此次勝利也能穩定頹勢，具有重要的意義。

參考書目

姜思章等
二〇〇六，《流離記意：無法寄達的家書》，臺北：印刻。
孫建中主編
二〇〇七，《眷戀：憲兵與軍情局眷村》，臺北：國防部部辦室。
陳明仁
二〇一八，〈古寧頭戰役之研究〉，桃園：國立中央大學歷史研究所碩士論文。
曹忻
二〇〇三，〈十萬青年十萬軍：青年遠征軍籌建背景研究〉，《史匯》第七期，頁一一三—一五七。
彭大年主編
二〇〇七，《眷戀：陸軍眷村》，臺北：國防部部辦室。
劉鳳祥主編
二〇〇八，《眷戀：聯勤眷村》，臺北：國防部史政編譯室。

顧超光

二〇一四，《流光眷影：臺東縣眷村文化調查研究及歷史文物蒐集出版計畫》，臺中：文化部文化資產局；臺東：臺東縣政府。

二、知識青年從軍去：青年軍

一九三七年，中國對日抗戰正式展開，各地的教育機關雖然受到影響，但大多數還能維持正常運作，因此在戰爭初期僅有少數的熱血青年自願從軍。隨著戰事的延長與擴張，國軍在各種不利的條件下持續和日本人作戰。一九四四年四月至十二月，日軍在中國境內集結兵力發動大規模攻勢，國軍抵擋不住日軍的攻擊而節節敗退。

有鑑於此，一九四四年八月，由國民政府主席蔣中正出來號召，高喊「一寸山河一寸血、十萬青年十萬軍」的愛國口號，許多學業受到影響的流亡學生與愛國的知識青年們，眼見日軍逐漸逼近，紛紛開始響應從軍。當時在國軍處於劣勢的情況下，不少年輕學子都充滿愛國精神，這當中除了流亡學校的學生外，還有許多來自不願被日本人統治的淪陷區學生。再加上生活受到戰爭嚴重影響等因素，也是促使學生們積極響應從軍的原因。

來不及上戰場的青年軍

青年學子報名的軍隊，全銜是「知識青年遠征軍」，簡稱青年軍，由軍事委員會主導，先由中央派人到各縣市去發動青年從軍，統一進行招募後，再分發到各師。一九四四年十二月，青年軍陸續在四川的綦江、璧山、瀘州、萬縣，貴州的扎佐，雲南的昆明，陝西的漢中等地入營組建完成，共編成二〇一至二〇九共九個師。從軍者大多是高中畢業，也有許多大學肄業和畢業者，少數為初中畢業、學校教師及公教人員，入伍年齡為十八歲以上。

這批素質優良的知識青年，組成青年軍後，分發到各師進行三個月到半年不等的訓練。由於軍方高層特別重視，給予他們許多優於普通軍隊的特殊待遇，因此較少有士兵逃亡的現象。曾任青年軍二〇二師砲兵營長的雷開瑄，回憶當時青年軍的伙食充足，固定配有大米、青菜、豆腐及肉類，其他生活物品、戰備物資也都補給正常。就連身上穿的軍服也不是傳統的粗布，是品質更好的布料。此外，還設有衛生隊及三級野戰醫院，這些都是普通軍隊所望塵莫及的。

原先青年軍被政府賦予兩項任務：一是參與對日作戰，另一則是因應戰後的復員，負責國家基層的建設工作。但就在開始訓練後不久，一九四五年八月，日本宣告投降後，許多青年軍還來不及上戰場，就先迎來戰爭勝利的喜悅。但喜悅的背後，也包含了知識青年們無法親自上戰場的些許失望。

被遺漏的山中步兵團

一般大眾所知的青年軍是二〇一至二〇九師，但實際上還有另外兩個未編成師的獨立團，即中國青年遠征軍獨立步兵第六三一團和六三二團。這兩個步兵團的成員，也是報名參加青年軍的知識青年們，只是他們在前往四川的途中，由政府直接讓他們在安徽省的第十戰區就地整訓，而後另外編成步兵團。

著名的歷史學者張存武，他就曾是青年軍步兵團的成員之一。一九四四年十月，十六歲的張存武就讀山東省昌樂中學初中部，透過校方得知政府號召知識青年從軍的消息。由學校統一負責報名、體檢等工作，報名從軍者，政府還給予每人三千元的儲備銀行券作為路費。儘管政府對於青年軍的徵召條件有明文規定，但仍有許多未嚴格執行的情況，尤以年齡虛報的現象最為普遍。

當時包括他在內，有許多同校學生都積極報名，虛報年齡或身高不合格，也都勉強通過。從山東前往四川的路途遙遠，他們一行人在濟南和徐州都遭遇過空襲警報，在躲避空襲的時候，還要留意日本人的嚴密盤查。由於日軍已經得知青年軍招生的事，便在街頭搜查參與青年軍的學生，如果被日本人查到就直接把人抓走。他們抵達安徽省阜陽後，先在當地等待其他地區的從軍者前來會合。在等待期間，由在阜陽的山東省政府軍官負責臨時編隊，進行初步的術科訓練，並教授英文、三民主義、步兵操典等學科知識。

後來，他們未能如期前往四川，政府決定直接讓他們就地整訓，因此這批青年軍被送到安徽省六安縣的山裡，沒有編成師，而是另外編成「中國青年遠征軍獨立步兵第六三一團和六三二團」。幸運的是，安徽省的六安縣是魚米之鄉，因此軍中的伙食有魚有肉，比其他青年軍的伙食更好。但是南方的氣候潮濕，加上軍隊裡的衛生條件不佳，有許多人染上瘧疾、痢疾和疥瘡，甚至因此喪命。

如同其他青年軍的情況一樣，他們還沒踏上戰場，就已經先迎來戰勝的成果。一九四五年八月，日本人正式投降後，那天晚上全部的人都大聲歡呼慶祝。

學生與軍人不停轉換

一九四五年八月，對日戰爭結束後，政府需要可以維持安全的人力，因此青年軍沒有馬上退伍復員。張存武所在的步兵第六三一團和六三二團，在戰爭勝利後，被憲兵團接收，編為憲兵教導第三團、第四團。憲兵團的訓練比青年軍時更嚴格，也很注重體操項目，除了軍事教育外，還有擒拿術的訓練，以及法律方面的課程。在飲食方面，原本青年軍的待遇是政府規定的，每天飲食有固定的花生、黃豆、油和米等，但在憲兵教導團的待遇卻很差，衣服破了沒有新衣服可換，吃飯也只能吃混雜著砂石、稻穀的米飯，配一些小白菜或辣椒醬拌飯吃。一九四六年初，政府為了因應日後的青年軍復員，改讓他們接受預備軍官訓練，尤其偏重政治教育訓練，同時也加強術科訓練，以具備擔任排長的帶兵能力。

同年六月，政府開始辦理青年軍第一梯次退伍工作，並在南京設置青年軍復員管理處，輔導青年軍就業、復學等，協助恢復原本的生活，同時也頒授預官證書給這些退伍的青年軍。有許多青年軍選擇離開軍隊，回到學校繼續完成學業，當時由西南公路局派了五百多輛大客車到四川把回歸校園的青年軍學生送走。其中也有些青年軍決定留在軍隊，但因為人數減少，所以青年軍由九個師縮編成六個師。

選擇復學的青年軍，除了原本讀大學或高中三年級的可進入大學讀書外，政府分別在貴陽、杭州、漢中、嘉興及長春，設立五個青年軍中學讓青年軍就讀。另外，也設有二年制的青年軍職業學校，讓學生畢業後有一技之長。張存武在其他人的勸說下，選擇了進入嘉興青年軍中學讀書。至於其他留營的人，則跟隨部隊被調到其他地區負責衛戍工作。

嘉興青年軍中學實際上就設置在軍隊的營房裡，青中在西大營，青職在東大營。張存武從初三開始讀了兩年半，同學中也有從青年軍二〇八師復學的。青中的教師教學認真，用功的學生也不在少數，第一屆的畢業生中就有考上北京大學、清華大學的人。一九四八年底，徐蚌會戰結束後，共軍勢力越來越大，大批的國軍部

一九四九年國軍士兵在浦口碼頭等待船隻要渡過長江撤退到南京。(圖片來源:UWM圖書館)

一九四九年從各地撤退的國軍,集結前往上海備戰,當中夾雜不少未成年。(圖片來源:UWM圖書館)

隊、眷屬和逃難人潮不斷南下。在混亂的情況下，嘉興青中也不得不解散。當時有傳聞孫立人將軍的第四軍官訓練班在上海招兵，張存武的同學們有些人去參加。而他和其他同學決定到杭州，加入青年救國團第三縱隊當排長，但現實情況卻是排長底下無兵可管。一九四九年二月，他在杭州見到以前嘉興青中的校長，透過校長的介紹信，安排他們四位同學到附近的山東濟南第一聯合中學插班讀高三，因此就直接穿著軍服去上課。

到了四月，共軍準備越過長江南下，同學們紛紛四散避難。他們四人離開學校後，又回到杭州救國團擔任排長。由於軍隊帶著武器，所以從杭州撤退時可以搭火車，但是很多流亡學生沒位置坐，有人在車廂下的橫軸上鋪木板坐臥，也有人用繩子綁在車頂上撤退，沿途有時遇到下雨、過山洞，或是共軍的埋伏，非常驚險。而軍隊到達湖南衡陽後，這裡聚集了許多流亡學生，他們就招了流亡學生加入青年救國團。但因各地情勢非常混亂，到處都在抓兵。

共軍過長江後，上海、長沙都陸續失守，他們準備離開衡陽時，有兩條逃難的路線，一條是經貴陽到重慶，另一條是從廣州到臺灣。張存武跟著軍隊先到了廣州，隨後又跟著從吉林撤退到廣州的長白師範學院（簡稱長師）遷到海南島，和其他二、三十位的青年，一起進入長師的先修班。可惜好景不常，一九四九年底，共軍又陸續占領廣州、雷州半島，海南島局勢變緊張。長師中的二、三十位山東籍同學組成軍中服務隊，於一九五〇年一月到廣東加入三十二軍。四月，共軍登陸海南島，三十二軍也自各地區集中撤往大洲島，再由臺灣方面派船接回。撤退時，部隊、眷屬聚集在一處海灣，因大船不能靠岸，須先用小木船將人員及行李運出，上船時人們爭先恐後，船已滿載，許多人仍抓著船舷不放，導致發生翻船，不少人因此落海，亂成一團。在大洲島上待了三天兩夜，用臉盆、椰子殼到山裡取淡水煮飯。直到四月二十八日深夜，張存武和其他同伴才搭上最後一艘撤退的登陸艇，於五月二日抵達基隆港。後來因三十二軍縮編，張存武和他的同學們得以離開軍隊，前往臺中縣沙鹿鎮的長白師範學院接待中心報到。

第二期青年軍在臺灣

像張存武這樣在中日戰爭期間，踴躍報名加入青年軍的知識青年們，實際上多數都沒有真正踏上戰場，而在一九四六年六月就返回校園，或由政府輔導就業。當中選擇留營的人，除了被調到各地擔任衛戍工作，也有少數被派遣到前線和共軍作戰。隨著國共內戰全面爆發，政府在一九四六年底，又開始招收東北、華北、山東、蘇北等地失學或流亡的知識青年，將他們納入現有的青年軍部隊中，組織成「第二期的青年軍」。為了因應這一波的新戰事，青年軍也陸續在各地招兵，當時的招生條件非常吸引人，上面寫著：「青年軍為一流的美式裝備，待遇好，服役期滿一年即可復員，由政府安排就學、就業，享受公費的待遇。」許多流亡學生或知識青年看到上一批青年軍後來都能順利復員，加上廣告上的招生條件這麼好，因此吸引了不少人選擇加入青年軍的行列。

當第二期青年軍在中國各地展開積極招生時，一九四七年七月，孫立人被任命為陸軍副總司令兼陸軍訓練司令官，開始籌畫新軍訓練相關事宜。他為了不受共軍干擾，選擇臺灣鳳山作為陸軍訓練基地，連同駐臺的青年軍也在此整訓。因此，當時駐臺的青年軍二〇一師與二〇五師在中國各省招生時，都會加入要到臺灣受訓的條件，其他四師則無此規定。由此可知，是否願意離家來臺受訓，也成為是否願意加入青年軍的一個考慮因素。

一九四七年，青年軍二〇五師第三團到廣西省宜山縣招考第二期青年軍，順利招收到三、四百人，宜山縣長為此還在戲院替他們舉辦歡送會。這群青年出發時身上穿的仍是學生服，但在衣服上掛著「志願兵」的紅布條，一群人浩浩蕩蕩的離家準備前往臺灣。九月下旬，他們從廣州的黃埔碼頭搭船抵達高雄港，隔天即進駐臺南的旭町營房（今成功大學光復校區），接受密集的基本教練。

這群中國籍的青年軍來到臺南後，所穿著的軍服與其他駐臺軍隊不同，冬天穿著呢絨布料，比一般軍人的待遇更好。當時甚至有以前是師範學校畢業青年軍，到營房附近的學校教授國文、歷史、地理等課程。另外，每當假日時，部隊也會全團分批帶去臺南市的電影院看電影，每次二個營的人數一進一出，他們這些頭戴船型帽的青年軍在街上齊步併行，常吸引不少路人佇足觀看。

無論是對日抗戰時期的第一期青年軍，或是國共內戰時的第二期青年軍，他們所代表的是知識青年從軍的正面形象。由於士兵普遍素質較高，因此也被政府與民眾賦予高度的期待，並給予非常優渥的待遇。他們有的以身為青年軍感到自豪，並接受復員後的就學、就業安排，但也有些人在國共內戰期間壯烈犧牲。有些人隨軍來到臺灣受訓，爾後離鄉駐防在臺灣；但也有一些人，在戰亂期間，被迫成為敵軍俘虜或找不到同伴去向的散兵。無論流離到哪裡，他們都是戰爭時期的「特殊群體」。

★長白師範學院

國立長白師範學院（簡稱長師）成立於一九四六年，一九五〇年遷臺後未能復校而停辦。長師校址位於吉林省市郊，成立之初設有十一個科系，肩負東北九省的教育使命。一九四八年三月，共軍大舉進攻東北，長師暫遷到撫順、瀋陽。同年夏天，教育部下令長師遷到北平，正式在此復課，學生人數約一千多人，包含青年軍復學者。此後隨著共軍勢力不斷南移，長師師生也一路遷移到湖南、廣州及海南島，中途還容納了北平師大、山東師院、東北大學……等多所學校的流亡學生。後續因臺灣入境有嚴格限制，師生只能跟隨軍隊分批赴臺，最後一批是在一九五〇年四月抵達高雄港，總計來臺的長師師生約有將近五百人。

長師在校長方永蒸的奔走帶領下，歷經千辛萬苦，從東北一路遷徙到臺灣，最終卻面臨在臺無法復校而被迫停辦。應屆的畢業生，先被集中到臺中縣沙鹿，準備畢業考試。長師的教授則由教育部安排工作，其餘學生一律送到青年服務團，後來大部分學生都由專修班相繼畢業，也有少部分選擇加入軍隊。一九五二年和一九五四年教育部曾舉辦大陸來臺大專生登記分發寄讀，不少長師學生先後在師大、法商學院獲得完成學業的機會，日後投入全臺各地的教育工作。

參考書目

丁鼎等訪問、王素珍等記錄

二〇〇一，《戡亂時期知識青年從軍訪問紀錄》，臺北：國防部史政編譯室。

王素珍訪問記錄

二〇〇一，《一寸山河一寸血　十萬青年十萬軍：青年軍官兵訪問紀錄》，臺北：國防部史政編譯室。

張存武

二〇一九，《生平絮語：張存武回憶錄》，臺北：秀威資訊科技。

曹忻

二〇〇三，〈十萬青年十萬軍：青年遠征軍籌建背景研究〉，《史匯》第七期，頁一一三—一五七。

國立長白師範學院校友會編

一九七六，《長白三十年》，出版地不詳：國立長白師範學院校友會。

陳洛仰、杜正宇

二〇一五，〈黃埔新村的歷史記憶〉，《高雄文獻》第五卷第二期，頁八〇—一〇三。

陳佑慎

二〇一六，〈國防部的籌建與早期運作（一九四六—一九五〇）〉，臺北：國立政治大學歷史學系博士論文。

應俊豪

二〇〇三，〈青年軍來臺後復員問題〉，國立政治大學文學院編輯，《陳百年先生學術論文獎論文集》第四期，頁一—三二，臺北：陳百年先生學術基金會。

三、現代花木蘭：女青年大隊

現代人對於女性從軍並不陌生，可能會認為這是近幾十年才開始有的現象。實際上從一九一〇年代中國北伐時期、對日抗戰到國共內戰，女性投入軍中服務已有相當亮眼的表現，只是她們的服務範圍多數局限在政治工作或醫務衛生部門。一九四八年底，擔任陸軍訓練司令部司令的孫立人將軍，為了仿效盟軍在二次大戰中「陸軍婦女輔助隊」（WAAC）所發揮的前線救護與後勤力量，決定要在中國各大城市公開招考高中以上未婚女性知識青年從軍。

一九四八年六月到一九四九年五月止，由孫立人在臺灣訓練基地所成立的「陸軍訓練司令部女青年訓練大隊」（以下簡稱女青年大隊），在中國招收的人數約有四百多位。她們的年齡大多在十五到二十五歲之間，先後於一九四九年三月至一九五〇年六月間，分八批抵達臺灣接受訓練。

在上海的漫長等待

女青年大隊自一九四八年開始招生，當時中國東北、華北等地區與共軍陷入苦戰，因此主要在中國南方幾個大城市進行，如廣州、上海、杭州、江西、湖南、湖北等地，前後共三次。早期考試競爭激烈，筆試完還有口試。其中又以上海的報考人數最多，因此有些人在上海落榜後，又換到其他城市繼續報考。後期錄取條件逐漸放寬，也招收許多流亡學生進來。

首批在南京招考的隊員，規定錄取後第三天就要報到，再統一安排她們搭火車到上海。當時在南京火車站，有些女學生正準備要搭火車前往上海時，直接被家人強行從月臺上帶回去，甚至也有幾位躲藏在火車座椅下，靠其他同學的幫忙，才沒被家人發現。由此可見，女學生報考女青年大隊後，儘管待遇不錯，但仍有許多父母不願意讓女兒離家去從軍。

最先來到臺灣的女青年大隊隊員余國芳，她出生於安徽蕪湖。一九四八年秋天，十六歲的她和同學在蕪湖順利錄取女青年大隊，三個月後，才被送到上海火車站附近的營房等待船隻。抵達上海後，又停留了一段時間，直到一九四九年三月才抵達臺灣。原先和她一起考上的同學約有七十幾人，但後來同船到臺灣的卻只有四位，其餘都是在上海等船期間，自行放棄回家或者被家人帶回。

這些女青年大隊的隊員，原先對未來充滿各種想像，實際上卻只是在上海經歷了漫長的等待。經常是一行人來到碼頭準備要搭船，但等了很久卻又無法上船，有好幾次都是這樣把東西在營房與碼頭兩地搬來搬去。直到後來規定不能帶太多東西上船，許多人才把厚重的衣服丟掉，只攜帶輕便的行李搭船。

苦不堪言的暈船經驗

一九四九年三月初，首批女青年隊員在上海搭乘招商局的繼光輪準備到臺灣。來自江蘇鹽城的尤懷燕，似乎比其他同學更加幸運，搭船當天，她的家人還特地到港口替她送行。其他也有瞞著家人私自離家搭船，或是姊妹結伴同行的隊員們。當時在黃浦江畔吳淞口碼頭邊聚集了許多人，大家都像是要逃難一樣搶著上船，這與女青年隊員原先滿心期待到臺灣的想像很不同，這樣的場景讓她們特別難忘。

當船隻啟航後，起初還有許多女隊員因為少有搭船經驗，或是初次搭船，興奮地站在甲板上眺望美麗的景色，隨著時間過去，隊員們一個個都像喝醉酒般倒向底艙。更有隊員們對於當時船艙裡此起彼落的嘔吐聲、呻吟聲、喊叫聲，印象深刻。也有人嚴重暈船，似乎連膽汁都要吐出來，身體異常難受，甚至起了想要跳海的念頭，但當下根本連爬上甲板的力氣都沒有。

當船隻順利抵達基隆港後，港口邊有很多小販推著裝有香蕉、木瓜、鳳梨等水果的攤車，在船邊叫賣，熱情地將甘蔗、香蕉吊上船賣給她們。由於在上海的香蕉價格很貴，所以看到臺灣的香蕉價格這麼便宜，大家就爭相購買來吃。就連原本在航行中嚴重暈船的隊員們，在船隻停泊後，也開始跟著大家爬上甲板，整個人好像又重新活了過來一樣，甚至可以和其他人一樣，搶著用銀元購買香蕉。

航程中飽受暈船所苦的尤懷燕，她說在船上時根本無法吃飯、睡覺。到了基隆港下船後，她到港口附近覓食，但因為在上海沒有吃路邊攤的經驗，不習慣坐在路邊吃東西，因此最後什麼都沒吃就回去集合搭火車。

在操場上蹲著吃飯

一九四九年三月八日，首批隊員九十九人，從基隆轉搭火車前往屏東，進駐由孫立人在屏東阿猴寮（今屏東市空軍基地與民族路、大同路交界地區）成立的女青年大隊。此後，每年的三月八日就成為女青年大隊的隊慶日。

自三月初到六月間，陸續來臺的隊員，依序被分為第一中隊至第三中隊。後期有許多來自江西、湖南、華北及東北的流亡學生加入，雖然她們年齡較大，但學歷也較高。一九五〇年，還有十八位從八十軍轉來的政工隊隊員。全隊人數最高將近五百人，但中間經過淘汰，或藉故私自離營，最後完成受訓的隊員約有三百多名。

剛到阿猴寮的生活很苦，隊員尤懷燕說最不適應的是伙食。隊上規定六人圍著一盆青菜，直接在操場上蹲坐著吃飯，後來才又發給每人一個板凳。但是飯菜裡經常混雜著隨風吹來的沙石泥土，每次等她挑完飯裡的沙石，配菜都被吃光，只剩下湯汁配飯。而菜色大多是豆芽菜煮豆腐，偶爾加幾片肥肉，有時則是高麗菜或空心菜加豆腐、煮茄子加醬油等。菜色經常煮得黑黑的，看起來很嚇人，但為了吃飽也沒得挑剔。幾個月後，隊上的伙食才稍微改善，每半個月都會加菜，經常是加入五花肉或鯊魚皮一起燉煮，偶爾放點魷魚乾，但這在隊裡已是非常好的菜色。由於隊上每個月都有發薪餉八塊錢，所以週末放假外出時，她們都會到屏東街上看電影、吃零食或刨冰。

照顧女青年的孫爸爸

當時首批來臺報到的第一批女青年隊員，普遍都覺得孫立人特別照顧她們。為了改善伙食衛生，很快就在營區蓋了餐廳，她們才能在乾淨的室內坐著吃飯。在大多數隊員的印象中，孫將軍和孫夫人很關心她們的生活，孫將軍每次來都會和她們聊天話家常。隊員余國芳說每次孫將軍來阿猴寮，都是穿著馬靴、帶著馬鞭和一隻大狼狗，因此大家只要聽到狗叫聲，就知道是孫將軍來了。甚至有許多隊員們都會稱呼孫將軍為「孫爸爸」，他不僅每週都會從鳳山到阿猴寮和隊員們一同吃飯，也曾邀請她們到屏東市區的將軍官邸吃飯。

位於屏東的孫立人將軍官邸現貌（二〇一二年十二月）。（圖片來源：筆者提供）

文武雙全的斗笠女兵

孫立人原先對女青年大隊的規畫是訓練女性做救護、軍中福利工作、軍眷及兒童的福利工作，而非政工人員的性質。訓練規畫為一年半，共分為三期，每期六個月。第一期是入伍訓練，第二期是正期教育，第三期是分組實習。入伍教育和一般軍校入伍生一樣，必須熟練各種基本教練和軍事動作，最後又多延長一個月。

最初的入伍訓練有出操、打野外、行軍等基本訓練。對於軍人來說，行軍是常有的事，這些女青年也不例外。有些隊員對於行軍路程中，沿途所見的西瓜田印象深刻。她們的行軍路線是從屏東阿猴寮走到高雄鳳山，途中會經過屏東大橋，在橋下的溪埔地上有一大片的西瓜田，這讓這些來自中國的女青年們，感到非常新奇有趣。由於屏東的天氣酷熱，隊上就發給每人一頂斗笠，美其名為「成功帽」，實際是用竹葉和竹篾編成的圓形尖頂斗笠。此後，無論行軍或集體出操時都會戴上斗笠，當地人看見了都稱她們為「斗笠女兵」。

一九四九年十月十六日舉辦開學典禮，開始正期教育，依照個人志願和長官考核將三百多位隊員分為三組，結合專業教育和軍事訓練。第一組是軍事服務組，著重於軍中生活服務、文化宣傳、士兵教育與康樂活動。第二組是社會服務組，包含社會教育和兒童福利，著重於社會調查、農村訪問、保育撫慰及兒童教育等。第三組是軍事衛生組，著重民眾衛生、鄉村醫藥及軍中救護、包紮急救等訓練。

隊員余國芳選擇了人數最多的軍事服務組，專業課程有康樂活動、戲劇表演、軍歌教唱等，同時也要負責舉辦隊上每月一次的晚會活動。共同課程則有國文、英

一九五〇年，屏東阿猴寮女青年大隊的軍訓課程。（圖片來源：國史館。典藏號：002-050113-00005-040）

文、政治時事等。與她同組的尤懷燕，還記得共同課程中有一門臺語課，由一位臺灣籍的女老師上課，每週上課一小時，但因為效果不是很好，沒上幾個月就中斷。等到分組課程結束後，她們就到其他軍隊去實習，主要是幫軍人上政治課、帶領康樂活動及教唱軍歌。

而軍隊衛生組的專業課程是由軍醫院的醫生、護理長來授課。課程內容非常緊湊，一般護理學校三年的課程，她們必須要在半年內上完。課程結束後開始六個月的實習。分別前往高雄的陸海空軍總醫院（今國軍高雄總醫院）和臺南的陸軍訓練司令部軍醫院（今國軍桃園總醫院的前身，位於成大力行校區），實習三個月後再輪調。當時在高雄軍醫院內，大多數傷兵都來自海南島，也有些是來自停在高雄外海、身分未明的船隻。而臺南軍醫院內，則有許多長期住院治療的肺結核患者，與高雄的傷患很不同。這些女青年隊員每一科都要去實習，一星期輪一科，也要進手術室實習。通常是兩人一組一起輪值，工作內容包含打針、驗血、抽血、灌腸、鋪病床等，如同護士的工作。

至於兒童福利組的女隊員，學習重點是幼稚教育，未來要辦理軍中托兒所。專業課程和師範專科學校的類似，要學音樂、彈琴，課程中也會考試。此外，隊上也曾安排她們到臺北進行校外觀摩教學。實習時則到眷村內的托兒所，有些隊員被分配到屏東托兒所實習，課程由大家輪流教學。人數最少的社會教育組，則到地方縣市政府實習，協助各鄉鎮組訓民眾、舉辦成人補習教育，多數從事社會教育的工作，因此也和一般民眾較多接觸。

在第三期的分組實習中，各組隊員分赴各部隊、鄉村、眷村托兒所及軍醫院實習。經過六個月的實習結束後，一九五〇年十月在阿猴寮舉行結業典禮。結業典禮當天，女青年大隊也由原本管轄的陸訓部，移交給國防部總政治部，改由總政治部進行後續的工作分發。

突如其來的匪諜事件

一九五〇年三月，爆發「蘇俄間諜案」。當時在女青年大隊任教的黃玨及孫立人英文祕書黃正，被指控與匪諜李朋認識，並協助蒐集情報。七月，以「因過失洩露職務上所知悉之軍事機密」為由，被判有期徒刑十年。到了九月的某天夜晚，阿猴寮突然闖入一群人，將隊上幾位教官及十多名隊員帶到鳳山陸訓部進行個別約談。

尤懷燕還記得約談時曾被問及某位老師的言行如何，還有關於黃玨、黃正姊妹的事情。而孫立人對於女青年大隊隊員被約談、逮捕、判刑、監禁，也曾盡力營救。大約一週後，多數人都以無罪被釋放，但有少數隊員被帶走後就沒有回來，葉琳就是其中一位。

葉琳，江蘇省南通人，她是一九四九年三月首批來臺的隊員之一。對於十八歲那一晚被帶走的原因及約談過程，她已經沒什麼印象。當其他隊員被釋放後，她就被帶到臺北的保密局關了半年多，剛進去時也曾被毆打。審訊的人將她的書信、日記、剪報、家人照片都一一檢查，認為她私下閱讀左傾思想的書籍，懷疑她具有左傾思想。最後沒經過審判，就被送到綠島進行感化。

她說當時搭船到綠島的人很多，男女都有，大家既不認識，也不交談。到綠島後，女生只有一隊，全部住在一個大房間，約有五十、六十人。在綠島期間，每天照課表受訓上課，大概待了一年二個月後，由朋友幫忙找人交保，才讓她得以離開綠島。後來她沒回去女青年大隊，留在臺北找工作謀生。

這一群年輕的女學生，來自中國各省，其中不乏家境富裕的千金小姐，也有不少學識豐富的知識女青年，更有為了躲避混亂局勢或共產黨的迫害。她們基於各種理由參加女青年大隊，在南臺灣酷熱的豔陽下接受軍事訓練與專業的教育課程。原以為訓練結束後就能回家，卻因為現實的政治情況，讓她們留在臺灣結婚生子。孫立人將軍曾期許她們能像法國的聖女貞德，在軍中發揮女性的特殊力量。她們也不負所望，畢業後無論是投入軍中服務、民間社會或學校教育，皆有許多貢獻。

★蘇俄間諜案

全名為「蘇俄國家政治保安部潛臺間諜汪聲和李朋等案」，涉案的汪聲和原為北平人，畢業於齊魯大學，後擔任航空公司無線電報務員。於任職期間，受到蘇聯國家政治保安部（GPU）吸收，派遣至臺從事情報工作。一九四九年二月，汪聲和與其妻裴俊來臺後，聯絡中央社記者兼省政府新聞處祕書李朋，囑其蒐集情報事宜。同年五月，情治單位查到一處與蘇聯通訊的地下電臺訊號，直到一九五〇年三月，才在此處逮捕汪聲和夫婦，再循線逮捕李朋與其友人廖鳳娥。後續傳訊不少相關人士，包含任職於女青年大隊的兒童福利組少校主任黃玨及女生指導處上尉指導員黃正，同時她也是孫立人的英文祕書。

依據相關檔案記載，李朋至少到過屏東的女青年大隊軍營兩次，一次是一九四九年十二月，以朋友名義前去拜訪黃氏姊妹，她們未經核准就私帶李朋參觀軍營，並告知陸軍訓練情形。另一次是一九五〇年初，李朋攜帶中央社社長的介紹信，前去拜見孫立人並正式申請採訪新軍訓練之事，此次亦前往女青年大隊參觀拍照。一九五〇年七月，臺灣省保安司令部判處汪聲和、裴俊、李朋、廖鳳娥等人死刑，於九月六日公開執行槍決。同案潘申慶、廖乾元、李光國、黃玨、黃正等五人，因「過失洩漏因職務上所知悉之軍事機密消息」之罪名判刑十年；郝侃曾等五人各判七年、二年徒刑；李寶謙、莊漢江則交付感訓處分。

參考書目

丁鼎等訪問，王素珍等記錄
二〇〇一，《戡亂時期知識青年從軍訪問紀錄》，臺北：國防部史政編譯室。

岱峻
二〇一六，〈弦歌歇處，雨過斜陽：白色恐怖時期汪聲和蘇聯間諜系列案〉，《傳記文學》第一〇九卷第四期，頁四—二三。

華文第
二〇〇〇，《木蘭風雲五十年》，臺北：智庫。

華文第、曹靜宜等
二〇〇九，《木蘭飄香：巾幗不讓鬚眉》，臺北：大卷文化。

陳三井、朱浤源、吳美慧訪問，吳美慧記錄
一九九五，《女青年大隊訪問紀錄》，臺北：中央研究院近代史研究所。

曾瓊葉
二〇〇五，《巾幗英雄：女青年工作大隊口述歷史》，臺北：國防部史政編譯室。

楊翠

二〇〇六年，〈女性與白色恐怖政治事件〉，陳志龍、邱榮舉、倪子修編，《臺灣人權與政治事件學術研討會論文集》，臺北：財團法人戒嚴時期不當叛亂暨匪諜審判案件補償基金會，頁四一一—四五二。

羅久蓉、游鑑明、瞿海源訪問，羅久蓉等記錄

二〇〇四，《烽火歲月下的中國婦女訪問紀錄》，臺北：中央研究院近代史研究所。

四、顛沛流離到臺灣：一九四九年大撤退

一九四五年，中國對日抗戰勝利後，很快就爆發了國共內戰，戰事陸續在各地蔓延。一九四八年下半年，國軍在經歷了遼瀋戰役、平津戰役及徐蚌會戰三次失敗後，精銳部隊的軍力損失慘重，只能轉為被動的防禦，同時也開始在沿海地區進行撤退的部署。由於東北及華北大部分地區被共軍所占據，因此許多民眾紛紛往南遷徙，逃亡人潮不斷穿梭於沿海的城市，青島、上海、廣州的港口都擠滿了逃難的人潮。其中有些人選擇前往香港，但大多數人則在一九四九年前後陸續來到臺灣。

此時，中華民國政府遷移至廣州的政府機關也開始分地辦公，有些則撤遷到臺灣。在這之前，陸海空三軍也分批從各地撤退，有些部隊與眷屬從青島、上海、廣

州等港口搭船到臺灣，也有軍隊先撤防到舟山群島、海南島等地，隔年再隨軍來到臺灣。

險象環生的逃難記

在大量逃往南方的人潮中，除了有軍隊、散兵、軍眷、公教人員和流亡學生外，其中也包含許多平民百姓。郭榮生，河南省林縣人，一九二五年生。家族在當地為大地主，一九四六年後，共產黨在農村的勢力越來越大，家族原有的土地、財產都被共產黨沒收，男丁們紛紛離開家鄉避難，留下的女性族人則被趕到街上乞討。由於郭榮生自中學畢業後，即到開封的會計學校就讀，爾後繼續留在開封，進入當地的銀行機關任職。因此並沒有遭遇到共產黨在家鄉的迫害，只是往後再也無法踏上回家的路。

眼見華北的戰事越來越危急，共軍所占領的範圍也越來越廣。一九四八年九月，結婚才一年的郭榮生夫婦便帶著剛出生僅三個月的孩子，開始往南方逃亡。從河南開封前往武漢投靠親人的途中，親眼見到大批逃難的人為了搶搭火車，用盡各種方法且不顧性命地擠上火車，只要有可以站的空間，便全數擠滿了人，連車頂上也不放過。當時不僅月臺和鐵軌上都擠滿了試圖擠上車的人群，更有些人在火車啟動後，因為車頂上的情況過於混亂，沒抓牢便陸續從車頂摔下來，離開車站後，沿途有不少人就當場摔在鐵軌上，那場景讓人終生難忘。一九四八年底，國軍又歷經幾次重大戰役失敗，郭榮生在父親的建議下，決定先離開武漢，再轉往南方或臺灣去避難。

除了利用火車南下，當時也有不少軍眷從北方的碼頭搭船逃難，但是過程一樣驚險危急。一九二八年生的裴王志宏，本身是北平人。她的先生裴永恆在空軍擔任維修飛機工作，隸屬北京南苑機場的修護大隊。一九四八年十二月，裴永恆的部隊準備要離開北京，便安排讓眷屬先走。當時裴王志宏剛生完小孩不久，帶著簡單的行李，便跟著眷屬們一同搭火車到天津的塘沽碼頭，再轉搭船隻前往上海。同行的眷屬中，以女眷帶著孩子居多，甚至也有打算和軍人私奔的女孩一起搭船。他們在塘沽等了兩天才搭上船，期間沒地方梳洗，也沒任何東西可吃。

等到順利上船後，只見貨輪的船頂上綁著大汽車、小轎車，還有吉普車。船上有三個大艙，一個是空運大隊，一個是南苑機場供應處，另一個是空軍電臺。但因為好幾個部隊都湊在一起，她也不清楚該去何處，最後只能懷抱著幼兒棲身在一處走道上。經歷了三天三夜的航程，才抵達上海，但這段過程卻讓她畢生難忘。當時船開不久後，就有共軍派出的船隻在後頭追趕，海面風浪大，貨輪搖晃得十分厲害，船上每個人都吐得很嚴重。加上他們坐的走道還灌進了海水，許多人因此病倒，也有年紀大的人就這樣在船上病死。更悲慘的是，當時有孕婦在船上緊急生產後，因為小孩不幸夭折，其他人就用軍毯把剛出生的嬰兒包起來，直接丟到大海裡。

人間煉獄的碼頭

一九四九年年初，上海碼頭的人潮湧現，每天都有許多人到碼頭詢問船票及航班。當時載滿人與貨物的大小船隻每天在黃浦江不停進出，有些甚至已明顯超載，但碼頭上仍擠滿了貨物與逃難的人潮。由於船票難求，當時除了軍人與眷屬有專門的管道，一般人為了能順利上船，運用特權或關係者也隨處可見，但無法取得船票者，更是不在少數。

隨空軍軍眷自北方撤離的裴王志宏，在一九四九年初抵達上海後，又在上海待了快十天，丈夫因為跟著部隊撤退而未與她同行。當時冬天的天氣很冷，加上水土不服，她就因此病倒，在強褓中的女兒因為餓著肚子，後來也跟著生病，所幸在其他同行者的照料下，他們母女才逐漸康復，順利從上海來到臺灣。她說原先聽說要到臺灣時，她其實不想來，因為常聽別人說臺灣沒有東西吃，只能啃香蕉皮，所以她覺得留在北京比較好。但抵達基隆後，首先看到的就是賣香蕉的小船，還有橘子、甘蔗等水果，這種一大串的香蕉和北京所見的廣州產小芭蕉不太一樣。下

一九四九年上海碼頭的封鎖區，擠滿了想要離開上海的人潮與車潮。（圖片來源：UWM圖書館）

船後，她到基隆碼頭附近的攤子吃東西，由於她身上只有帶著金圓券，所以就先用金圓券跟別人換當時臺灣通行的貨幣，再用臺幣付錢。

此時，郭榮生一家三口也從武漢來到上海，向碼頭邊的人打聽後，才認知到自己買船票離開不是容易的事。所幸透過親人發來的電報得知，太太表兄所屬的裝甲兵部隊正好駐紮在上海，便前往拜訪。在表兄的勸說下，得知如果真的決定要到臺灣，眼下以軍人和軍眷的身分搭船，才是最好的選擇。

一九四九年前後自中國來臺的人，身上多數攜帶著金圓卷。（圖片來源：筆者提供）

為了讓全家能順利來臺，他便以自身的會計專長，由表兄安排進入裝甲兵戰三團擔任財務方面的工作，開啟了往後數十年的軍旅生涯。一九四九年五月，裝甲兵戰三團第一營連同軍眷從上海搭船來臺，隨後又從基隆搭乘火車，轉赴臺中后里待命。

一九四九年四月，共軍勢力渡過長江，華南地區變得岌岌可危。逃難的人潮蜂擁而來，上海碼頭人聲鼎沸，擠滿了要到臺灣的軍民，而這股遷徙潮最後也演變成逃難潮。當時來臺者幾乎涵蓋中國各省，主要的交通以海運和空運為主，由於空運票價較高，航行時間也容易受到天候及戰事影響，因此海運成為當時來臺的最主要交通工具。一九四九年上半年，從上海搭船來臺的人數最多，但五月中旬上海失守後，才轉為由廣州搭船來臺者居多。

當時聚集在上海等待船隻的軍隊很多，也包含準備要來臺受訓的女青年大隊隊員。一九四九年四月底，上海已經陷入混亂，黃埔江的上海碼頭停放有數千輛被棄置的汽車，大批逃難的人，身上背著包袱在各號碼頭等著搶搭船隻。從上海來臺的船隻，每艘都載有大批軍隊、軍眷、公務員及招徠的流亡學生等，以及少數的平民百姓。儘管船隻已是超載的狀態，但是人們依然努力往船上擠，在甲板上守衛的軍人只好將難民們一一打下船，或是直接抽掉上船的長板，唯有如此才能順利開船。

在上海碼頭邊混亂又淒慘的逃難景象，也讓隨國軍殘餘部隊撤退到碼頭的青年軍印象深刻。當時在碼頭上，士兵、軍眷、難民都擠在一起，人們爭先恐後要搭船逃離上海，整個碼頭猶如人間地獄。為了讓船隻可以多搭載一些人，國軍也奉命將武器、彈藥都丟棄在碼頭上，於是碼頭上堆滿了各式武器、彈藥，還有逃難者沒帶走的家當、行李等。有些船已經滿載準備要將船梯收起，但仍有許多人企圖攀爬上船，造成不少人直接跌入海中，險象環生。當時由於船隻不夠，碼頭上的逃難人群，大概僅有一成上了船，因此當船駛離黃浦江時，那些上不了船的家眷、親人，在碼頭上呼天喊地的哀嚎聲，也讓人倍感哀戚。

換穿軍服的佛教僧侶

受到國共內戰的影響，中國各地有許多佛教僧尼也被迫流離失所。在一九四九年前後來臺的佛教僧侶，大約有一、二百位，多數為年輕的僧人。當時中國的僧侶來臺主要有三種途徑，第一種途徑是「自行來臺」，可能是基於不願被共產黨統治而離開，或是應聘來臺辦學或隨師友來臺。他們多數因為有經濟能力或由信眾贊助購買船票、機票後，於一九四九年來到臺灣。第二種途徑是「輾轉來臺」，他們大多數是先由廣州避難到香港後，再陸續從香港來臺灣，以這種方式來臺的僧人數量最多。另外，也有離開中國到東南亞，再從東南亞來臺灣者，但人數非常少。

至於第三種「隨軍來臺」的僧人，大致可區分為僧侶救護隊、強制抓兵和自願從軍等不同形式。最早隨軍來臺的是戰地僧侶救護隊，他們在來臺之前曾在上海、南京一帶救護國軍傷患。一九四九年二月，有國軍部隊要撤到臺灣，僧侶救護隊就在星雲法師的率領下，約有五十位僧人也換穿軍裝，一同搭乘軍艦來到臺灣。後來因為他們無意跟隨軍隊進行軍事訓練，因此就直接在臺灣解散。另外，也有一九四九年十月在普陀山被國軍強制抓兵的二十幾位青年僧人，他們在不得已的情況下，被迫以軍人的身分跟隨軍隊來臺。至於少數自願從軍的僧人，也反映出在當時局勢混亂的情況下，從軍成為一種迫於現實情況所做出的選擇。

聖嚴法師，俗名張志德（又名張保康），一九三〇年出生於江蘇省南通縣。一九四三年在江蘇狼山廣教寺出家，法名常進。在國共內戰期間，廣教寺因為國軍和共產黨的新四軍連番駐防，軍隊不僅大肆破壞寺廟，也強行把寺中的僧人趕走。

離開狼山後，他選擇來到上海，一九四七年他成為上海靜安寺佛學院的學僧。隨著國共戰事越來越激烈，自一九四八年下半年開始，不斷有國軍部隊借住在靜安寺。此後，佛學院的師長和同學，也陸續因為內戰的情勢變化而離開。到了一九四九年，先前已到臺灣的佛學院師長守成法師，特別寫信囑咐他盡快到臺灣，並表明願意協助代辦入境手續，但當時只是學僧的他，身上根本無錢購買船票，最終只能作罷。

一九四九年四月，共軍已逐漸逼近上海，許多寺廟的僧尼都選擇離開避難。當時有天寧寺的學僧，在公告欄上看到青年軍的招生廣告，便鼓勵大家一起去從軍。還有招兵的人宣傳孫立人將軍在臺灣訓練新軍，很歡迎青年僧加入，但學僧們的內心都很猶豫，不知道該如何是好？當時的情況，除了有錢自備機票和船票離開之外，只有進入軍隊是通往臺灣最容易的方式。由於他們這些青年僧或學僧不僅沒有信徒，身上也沒有積蓄，如果想要跟隨師長們到臺灣，就必須選擇以從軍的方式來臺。

一九四九年五月中旬，他和佛學院的同學共七人，一同到二〇七師青年軍的招兵站報名，招兵站的軍官見他們是和尚身分，便建議他們擔任軍中後勤工作。隔天他們就帶著僧服和簡單的行李，到二〇七師的通信連報到，此後他便捨棄法名，另取張採薇之名，成為換穿軍服的僧侶。進入軍中後，讓他最難適應的是飲食問題。由於軍隊的用餐環境不佳，加上已久未碰葷食，因此每到吃飯時都讓他心生畏懼。從軍不到半個月的時間，他們就跟隨軍隊搭船到臺灣，再從高雄轉乘火車前往新竹，住在一間廢棄的玻璃廠。

部隊駐紮在新竹的期間，每天都頂著烈日，在操場和野外進行入伍生的訓練。一日兩餐都是糙米飯和醬油湯，喝的也是渾濁的井水，夜晚則在地上鋪稻草睡覺。後來有二位佛學院的同學，因為無法適應軍中生活，加上要被調到砲兵連的緣故，就選擇在某天深夜離開軍隊。原本張採薇在決定從軍時，曾推想只要一年或三年國

一九四九年，在上海的國軍部隊正準備撤離。（圖片來源：UWM圖書館）

軍就能勝利，這樣他就能重返僧籍。因此他在從軍時，還帶了部分佛書和僧服，準備隨時重返僧籍。但從軍來臺後，卻歷經了比他出家時間五年多更長的軍旅生活，整整穿了十年的軍服，才得到退伍的允許，重新返回僧團。一九六〇年一月，張採薇在臺灣正式剃度，法號聖嚴。

自一九四八年下半年開始，由中國北方出現的逃難潮，在短短半年之間，就迅速從北方蔓延到南方。對許多人來說，這是一條無法預知終點的路程，可能因為一個決定，就此離開熟悉的故土，踏上未知的島嶼，甚至與親人分離數十年。一九四九年這一年，臺灣開始湧入大量從中國逃來的軍民，他們可能是軍隊、公教人員或眷屬、學生、知識分子、商人、僧侶或一般民眾。他們選擇來臺的原因不一，有些人跟著部隊來臺，有些人是從容離開，有些人則歷經滄桑。當中也有些人鎩羽而歸，甚至在逃難的過程中罹難。這段顛沛流離到臺灣的歷程，是屬於這些移民者的生命記憶，也是一段時代的悲劇。

★ **金圓券**

一九四八年八月，因政局不穩、國共戰事頻繁，導致通貨膨脹情形嚴重，法幣快速貶值，政府為穩定金融秩序，決定改革幣制，以金圓為本位幣，發行金圓券。發行初期印製一元、五元、十元、五十元及一百元等五種面額。至一九四八年十一月，金圓券發行已達原定總額，政府不得不修正發行辦法，調整後金圓券立即貶值五倍。金圓券貶值，加上物價暴漲，造成鈔票的面額不斷升高，陸續又發行一千元、五千元、一萬元、五萬元和十萬元、五十萬元及一百萬元券等。由於金圓券貶值過於迅速，政府最終於一九四九年七月三日宣布停止發行金圓券，改以銀圓券取代。

參考書目

王素珍訪問記錄

二〇〇一，《一寸山河一寸血　十萬青年十萬軍：青年軍官兵訪問紀錄》，臺北：

國防部史政編譯室。

林桶法

二〇〇九，《一九四九大撤退》，臺北：聯經出版。

林其賢

二〇一六，《聖嚴法師年譜（第一冊）》，臺北：法鼓文化。

卓遵宏等主訪

二〇〇七，《臺灣佛教人物訪談錄（一）》，臺北：國史館。

徐家媛

二〇一八，〈金圓券的發行與流通〉，《檔案瑰寶》網址：https://www.archives.gov.tw/ALohas/ALohasColumn.aspx?c=1757。

陳三井、朱浤源、吳美慧訪問，吳美慧記錄

一九九五，《女青年大隊訪問紀錄》，臺北：中央研究院近代史研究所。

郭立媛訪問

二〇〇六，〈王培玉女士訪問紀錄〉（未刊稿）。

童勉之、楊逢彬

二〇一三，《白聖長老傳》，臺中：太平慈光寺。

聖嚴法師

一九九九，《聖嚴法師學思歷程》，臺北：法鼓文化。

羅久蓉、游鑑明、瞿海源訪問，羅久蓉等記錄

二〇〇四，《烽火歲月下的中國婦女訪問紀錄》，臺北：中央研究院近代史研究所。

五、那一夜，他鄉變故鄉：

舟山、大陳島撤退

一九四九年底，中華民國政府撤退到臺灣後，中國沿海的舟山群島、大陳島、金門、馬祖及海南島，仍有國軍在當地駐紮防守。至一九五〇年，共軍勢力已經逐漸占領舟山群島的外圍島嶼，並準備進攻舟山群島。就當時的情況來說，國軍在舟山群島已失去軍事優勢，政府高層決定進行撤軍，以保全現有的戰力。為了保密撤軍行動，自五月中開始，國軍以「美援及日本賠償物資運輸計畫」為名稱，在陸海空三軍的配合下，祕密地進行舟山撤退計畫，撤離期間全由舟山防衛司令部司令官石覺指揮。這波撤退行動，連續三天在夜色的掩護下由海軍載運島上軍民撤離，總共撤出居民二萬多人、官兵十二萬五千人，合計約為十四萬多人。

撤退前的大規模抓伕

一九四九年八月，位在長江出海口外的舟山群島情勢穩定，陸續有許多軍隊從上海撤退來此。九月一日，舟山防衛司令部成立，由石覺擔任司令官，共駐紮五個軍隊及砲兵團、通信兵團等，總兵力約有十一萬多人。駐軍主要借住當地民房，軍民相處還算融洽。

一九五〇年五月，舟山軍民撤退期間，在當地發生了大規模的抓伕行動。先前許多部隊從中國各地撤退時，士兵人數明顯不足，為了因應日後國防部的人數清查，以及實際發放薪餉和補給數量的問題，才有軍隊以強行抓伕來補充員額的情況。這種軍隊內部擅自抓伕的行為，造成許多舟山人被迫以頂替名字的方式進入軍隊，其中也包含了原先在普陀山出家的年輕和尚。

被軍隊抓伕來臺的舟山人李明德，當時二十五歲的他已在舟山結婚生子。他說最初只是被軍隊帶去搬運武器彈藥，後來被強行帶到碼頭邊，才知道事情的嚴重性。不得已隨軍來到臺灣，初期除了嚴格的軍事訓練，還要去砍樹、割草、搭建草房、種菜等，晚上則暫居在學校的校舍內，過得比在家鄉還要辛苦的軍旅生活。同樣在舟山撤退時被抓伕的還有孫錦文，他到臺灣後隨軍隊駐防宜蘭。而他所屬的軍隊幾乎都是湖南人，除了語言無法溝通，就連每餐飯菜總會有辣椒的情況，也讓他極為不適應這樣的生活。

舟山的碼頭現場

國軍在舟山撤退期間，如果有帶不走的，就會全數就地毀壞，以避免被敵軍所使用，因此舟山撤退同時也是一場大規模的破壞行動。當多數軍民搭船駛離後，在碼頭附近所遺留的軍用設備、汽車、輪船、碼頭設施，甚至剛修築好的空軍機場跑道，都全數進行爆破，就連騎兵部隊的馬匹也不放過。

一九三八年生的舟山人桑品載，是在一九五〇年舟山撤退時由他的母親請求軍隊帶他來臺灣，當時年紀尚小的他，在碼頭邊目睹了讓他此生難忘的殘忍畫面。當時他和其他人在碼頭邊等待上船，忽然就有一支騎兵部隊騎著馬匹從遠處奔馳而來。當騎兵部隊全數登船後，旁邊的其他士兵就把騎兵隊三、四十隻馬匹推入碼頭邊挖好的深坑中，再用麻繩把馬拴在坑內打好的木樁上，接著又抬來好幾挺機關槍，直接架在馬群前面。不久就聽到連續的機關槍聲和馬匹的慘叫聲，沒幾分鐘的時間，所有的馬匹都躺臥在血泊之中。那血腥的畫面和淒厲的鳴叫聲，成為他終生難以抹滅的記憶。

桑品載跟著軍隊上船後，其他部隊也一批批上來，到處都擠滿了人，他看到甲板上有不少壯漢是被繩子綁著的，身上沒有穿軍服，這些都是被軍隊抓伕的舟山人。忽然之間就有幾名壯漢從隊伍中掙脫繩子衝了出來，後面還有士兵拿著槍追上來，後來那幾名壯漢無處可藏直接跳入海中，士兵也舉起槍對著海水掃射。有些人幸運地躲過槍擊游走，但也有不少人就此命喪海中。這樣駭人的場景一直不斷地在碼頭邊上演著，海水也因此被鮮血染紅了一大片。

從舟山撤退來臺的還有少年兵陳友旺，他說要從舟山撤退時，是在很匆忙的情況下搭船，船上的物資嚴重不足，許多人都沒水可以喝，為了解渴也只能喝海水。由於船上擠滿了人，大家都只能背靠背坐在地上，更有許多人嚴重暈船、嘔吐。在五天的航程內，只要有人生病就會馬上被丟進海裡。

十幾萬的舟山軍隊撤退來臺後，分別在基隆和高雄兩處港口上岸。桑品載說當時在基隆港碼頭邊有成千上百的男女學生，手持小國旗歡迎他們，還有專人舉著歡迎的紅布條，上面寫著：「歡迎舟山國軍抵臺」，場面非常浩大。陳友旺則是隨軍從高雄港上岸，下船後每人領到五元新臺幣、二根香蕉及一個便當。很多人以前沒吃過香蕉，當下就直接連皮一起吃，依然覺得是人間美味。

從舟山撤退來臺的除了軍隊外，也包含少數的舟山居民和政府機關的文職人員，約有二、三萬人。他們到了臺灣後，政府卻沒有給予任何妥善救濟，任由其自生自滅，淪為舟山撤退下的最大犧牲者。

留島不留人的大陳撤退

一九五〇年五月，國軍陸續撤守舟山群島與海南島後，大陳地區[1]成為最北方的「反共最前線」。一九五三年，朝鮮半島的韓戰結束後，共產黨將兵力南移，以

1 此處所指的大陳地區是包含上、下大陳島、竹嶼、漁山島、披山島及南麂島等浙江外海的島嶼。

浙江外海島嶼及金門、馬祖作為主要的攻擊目標。美國為了防止臺海再度爆發大規模戰事，於一九五四年十二月與臺灣簽訂「中美共同防禦條約」。但在隔年一月，共軍大舉進攻一江山，連續三天的砲擊，致使一江山的國軍全數犧牲。大陳島頓時失去了北方的屏障，共軍遂對大陳島展開日夜轟炸，島上情況變得岌岌可危。此時，美國以勸退中華民國政府放棄大陳地區的島嶼，換取對於金門、馬祖的積極協防。一九五五年二月，政府鑑於大陳島已失去制空和制海權的優勢，決定撤退大陳地區的軍民及裝備。原本駐防島上的軍隊分派到金、馬兩

一九五五年，大陳居民以小船換乘大船的方式進行撤退。（圖片來源：國史館。典藏號：005-030209-00016-186）

地，其餘一萬八千二百零一位居民全數移居臺灣。

自二月八日至二月十三日，由國軍與美國海、空軍聯隊共同執行大陳撤退的「金剛計畫」。大陳島上所有人員、物資都靠小船接駁上大船，載滿就開走。大陳居民帶著行李在碼頭上排隊搭船，有些人還捧著祖先牌位和神像一同帶到臺灣。當時十一歲的吳學寶，還清楚記得在撤退前，他的父親將家中貴重物品分裝在三個大水缸並埋進土裡，離走前將家中的大門上鎖，並在門扉上寫了一些反共抗俄的標語，原先炊煙裊裊的村落，在撤退時卻只剩下一片荒蕪的景象。載滿

一九五五年，大陳軍民撤退時的情景。（圖片來源：國史館。典藏號：005-030209-00016-190）

大陳島軍民的船隻，在美國第七艦隊的護航下順利抵達基隆港，成為受到各界歡迎的「大陳義胞」。

相較於舟山居民撤退來臺後無依無靠的情景，大陳地區的居民就顯得幸運許多。早在撤退之前，政府已經成立「大陳地區反共義胞來臺輔導委員會」，負責大陳居民來臺後的安置。至一九五七年，因應大陳居民的職業關係，政府在全臺十二縣市興建三十五個大陳新村，總計四千五百九十四戶，每戶依人口多寡分配房屋坪數，作為他們在臺灣的永久住所。

為了讓他們能夠溫飽，政府還提供一年份的免費糧食，以及美援的部分物資，幫助他們適應臺灣的新生活。但是想要安居樂業卻不是那麼容易的事，大陳居民原先在家鄉多數以捕魚維生，但是臺灣東部沿海的魚期、魚性都與大陳島迥異，致使他們只能想辦法另謀出路。

住在花蓮復興一村的大陳居民陳善超，原先在大陳島習慣以「圍」、「釣」等方式捕魚，每天觀察潮水的漲退情況決定出海捕魚的時間。但是來到花蓮後，卻因為東部海域的海水太深，與大陳島的淺棚漁區相差甚遠，實際的漁獲量始終不如預期，最後他放棄捕魚，改以打零工賺錢養家。其他在高雄、屏東、宜蘭、臺東等地以漁業為主的大陳聚落，也都面臨著相同的困境。

講閩南話的漁山島居民

一九五五年的大陳撤退行動，是將大陳島、漁山島、披山島和南麂島的居民都帶到臺灣，儘管後來都被歸類為官方所稱的「大陳義胞」，但其他三島的居民都不是真正的大陳人，慣用的語言也各不相同。居住在臺東富岡新村的柯位方，是生於一九二八年的漁山島人。撤退時，他與漁山島的四百八十五位居民搭乘同一艘軍艦來到臺灣。據他描述，漁山島居民皆以捕魚為生，祖先是來自福建省的泉州同安人，語言以閩南話為主，而非大陳島人的浙江話（台州話）或大陳話。只有鄰近大陳島的披山島是說大陳話，而最南邊的南麂島也是以閩南話為主。

柯位方說漁山島的居民來到臺灣後，由於基隆八斗子和宜蘭適合捕撈的沿海地區都已經被大陳人挑走，其他如花蓮、綠島和蘭嶼也都因為各種不適合的因素，最終他們才選擇臺東作為落腳地。一九五七年，漁山島居民正式搬進漁山新村（位置是現在臺東空軍志航機場的跑道處)。一九七〇年,漁山新村的土地被徵收蓋志航空軍基地,他們才搬到現在的富岡新村(臨近富岡漁港)位置。

特殊的原鄉信仰

大陳地區的居民在撤退來臺後,主要是聚居在各地的大陳新村,由於不少大陳人只會說浙江話(台州話)或大陳話,語言的障礙減少了他們與外界的互動,因此生活較為封閉,主要沿襲著原先在大陳島上的生活模式、飲食文化與宗教信仰。大陳人特有的大陳年糕、麥油煎、薑茶麵,以及將各類漁產製成鰻魚乾、魚乾、蝦乾等,至今仍可在部分的大陳新村中見到這些特有的飲食文化。

大陳地區的原鄉信仰有觀世音菩薩、關聖帝君、楊府大神、媽祖,以及獨特的如意娘娘、漁師爺和阮弼真君等諸神。一九五五年撤退時,他們將原鄉信仰的神明一同帶到臺灣,日後再由村民共同蓋廟祭祀。如宜蘭縣壯圍鄉仁愛新村的漁師廟,供奉的就是原先下大陳漁師廟的漁師大神;花蓮縣復興一村的阮弼真君廟,則是上

宜蘭壯圍仁愛新村的漁師廟（二〇二三年二月）。（圖片來源：筆者提供）

大陳人特有的鄉土神，有如媽祖在閩南人心中的地位；而屏東縣枋寮鄉東山新村的楊府廟，供奉的也是原鄉帶來的楊府大神。

漁山島居民也同樣帶來了他們的原鄉信仰。一九四九年出生的柯受城，聽家中長輩提起當時準備要撤退時，曾透過擲杯詢問海神廟的如意娘娘，是否要隨同來臺，最後抽到了「薛仁貴征東」的應允籤詩。村民將如意娘娘金身裝箱背著搭船到臺灣，住進臺東的漁山新村後，先供奉在村內的活動中心。直到一九六五年，再由村民集資蓋海神廟供奉如意娘娘。漁山新村後來搬遷到富岡新村現址，海神廟

臺東富岡新村的海神廟，主祀如意娘娘（二〇二三年二月）。（圖片來源：許蕙玟提供）

也一併跟著搬遷，目前仍是村內居民的信仰中心，也是全臺唯一的海神廟。

大陳地區的居民離開家鄉來到異鄉，原鄉特有的宗教信仰即是他們展現凝聚力的象徵。僅管全臺各地的大陳新村正面臨著老一輩凋零，及人口大量外移的情況，但只要每年舉辦宗教祭祀活動時，就是村民們返回村內重聚的時刻，這份對於原鄉信仰的重視，或許也是他們一解思鄉之愁的方式。

自一九五〇年開始，共軍的勢力逐步擴展到中國沿海地區的諸多島嶼，與當時駐防在此的國軍展開激烈的大小戰事。隨著國際局勢的變化，政府陸續將舟山島與大陳島上的軍民撤退來臺。然而這些舟山居民來到臺灣後，政府並未提供良好的安置措施，致使多數人流離失所、備極艱辛。被撤退部隊強拉入伍的舟山青年，離開家人後也在異鄉過著辛苦的軍旅生活。看似幸運的大陳居民，在撤退來臺後，初期雖然有政府和美援的照顧，但在語言不通與環境不佳的情況下，異鄉的新生活仍是充滿荊棘，無奈他們的家鄉早已回不去，作為戰爭下的犧牲品。這群離鄉的新住民，只能在這座島嶼上，胼手胝足重新建立起自己的新家園。

★金剛計畫

金剛計畫是由中美雙方共同制定執行，分為金剛A、B、C計畫。金剛A計畫由美軍執行，負責上、下大陳島的國軍部隊、各種裝備和軍需品的撤退，以及各項計畫進行期間，海空的掩護工作。金剛B計畫又分為B1、B2計畫，前者是漁山島撤運，後者則是披山島撤運。C計畫原為上、下大陳島的政府機關、海軍機構、反共救國軍、新生營及義民等人員和指定物資的撤運。由於B、C計畫都由國軍執行，因此後來就合併於C計畫一起實施。

一九五五年的大陳撤退行動，包含一九五五年二月八日開始實施的金剛A、C計畫，及二月九日行動的B1、B2計畫，相關的撤運工作至十三日結束。但在金剛計畫中，美方獨漏了南麂島的撤運，後來由國軍自行在二月二十四日實施「飛龍計畫」，並於二月二十五日完成南麂島的撤運，這才完全結束大陳地區撤退遷臺的行動。

★大陳地區反共義胞來臺輔導委員會

大陳地區反共義胞來臺輔導委員會（簡稱臺輔會）成立於一九五五年一月二十八日，是以內政部、臺灣省政府與中國大陸災胞救濟總會三個組織作為主要單位，由內政部長與省主席擔任召集人。臺輔會最主要是處理大陳居民接運來臺相關事宜，以及來臺後的安置與輔導。一九五五年三月，臺輔會將大陳居民分配到宜蘭等五縣市安置，隨即結束任務。同年四月一日起，正式由省政府成立「大陳地區來臺義胞就業輔導委員會（簡稱就輔會）」，接管處理大陳新村設置和輔導就業、就學及救助等工作。

一九五七年，就輔會將大陳居民依漁民、農民、工人、手工藝、商販、教育人員、公務人員等職業類別，分別安置在臺灣十二個縣市。在美援的協助下，興建三十五個大陳新村，提供大陳居民入住。以捕魚為生者分配在高雄、宜蘭、花蓮、臺東等濱海地區；農墾者集中在屏東縣；商販者集中在臺北永和；另有少數以釀酒專才者，則分配到南投埔里。一九五八年底，大陳居民在各地的安置工作完成後，就輔會隨即解散，後續的輔導工作改由省政府社會處接管。

參考書目

何政哲

二〇〇八，〈戰爭下的新移民：大陳人在臺灣的安置與輔導〉，《暨南史學》第十、十一合輯號，頁一四七—一九六。

李素月

二〇一九，《離岸、靠岸：宜蘭眷村七十年》，宜蘭：宜蘭縣史館。

周秀慧

二〇一八，《旗津的大陳新村：歷史變遷與認同》，高雄：行政法人高雄市立歷史博物館。

吳聲德

二〇一四，〈舟山保衛戰與撤退之研究〉，桃園：國立中央大學歷史研究所在職專班碩士論文。

柯凱珮等撰文

二〇〇二，《從「異鄉」到「家鄉」：花蓮大陳聚落生活文化田野紀實》，花蓮：花蓮縣文化局。

梁愛梅

二〇一四，〈高屏地區大陳人的聚落生活與民俗信仰〉，臺南：國立臺南大學臺灣文化研究所碩士論文。

陳緯華、張茂桂

二〇一四，〈從「大陳義胞」到「大陳人」：社會類屬的生成、轉變與意義〉，《臺灣社會學》第二十七期，頁五一—九五。

陳玲

二〇一〇，《舟山撤退機密檔案：六十年前的一頁滄桑》，臺北：時英。

顧超光

二〇一五，《眷念薪傳：臺東縣眷村文化推廣計畫》，臺東：臺東縣政府文化暨觀光處。

六、後山墾荒：打造石頭家園

一九四九年前後，國軍部隊陸續撤退來臺，他們被安置在臺澎金馬等地，持續為抗共而備戰。到了一九五〇年代，政府為了解決軍中過剩員額，適度淘汰老弱士官兵，同時紓緩財政壓力，因此在一九五四年成立「國軍退除役官兵輔導委員會（簡稱退輔會）」，專門照護和安置這些隨軍來臺的退除役官兵。其中，政府的安置計畫包含興建橫貫公路、開闢農場、成立榮工處及森林開發處等，利用少數未開發或尚未充分開墾的荒地，輔導退伍軍人直接就業。

在異鄉開墾新家園

實際上在退輔會成立之前，國防部已於一九五二年，先後於彰化、嘉義、壽豐（花蓮）、隘寮（屏東）、宜蘭、池上（臺東）等地設立六所大同合作農場，安置退除役官兵近四千人。待退輔會成立後，自一九五六年七月開始，以美援經費將軍方過剩人力投入興築中部橫貫公路，一九六〇年完工後，這些參與開墾的官兵順利退伍，成為榮民（即榮譽國民），隨即被安置在中橫公路沿線的農場和林場。雖然政府給予他們「新的家園」，但是日後要怎麼在山上生活，卻是他們最迫切必須面對的問題。

中橫公路興建完成後，退輔會的另一個大規模工程計畫，便是配合東部土地開發而成立的「開發總隊」（簡稱開發隊）。一九六〇年代初期，退輔會運用美援經費，號召軍隊裡年齡較大又想退伍的士官兵，集結了四千二百多人，平均年齡為四十二歲，由國防部正式移交給臺灣警備總司令部編成兩個「開發總隊」，此時他們仍具有軍人身分。

開發總隊自一九六一年起，先後被安置到臺灣東部後山進行土地開墾。第一總隊負責花蓮縣木瓜溪防洪工程，第二總隊則到臺東縣卑南鄉大南區進行堤防構築工程。然而，當時開發隊員中有不少老弱殘疾者，又是初次參與提防修築工事，長期在寒風中或炎熱的季節裡，以人工的方式挑土撿石，更顯得辛苦難耐。加上在河川地旁的工地食宿不如軍營舒適，因此不少開發隊員常有情緒失控或怨懟的言行，負責管理他們的警備幹部，就以嚴厲的方式壓制。

開發隊自一九六一年成立到一九七五年停辦，為安置軍中低階士兵退除役的管道，也解決了東部的開發問題。這些隊員在新土地開闢成功後，

一九六〇年代，開發隊員在木瓜溪河川地以人力與簡陋工具搬運石塊。（圖片來源：國軍退除役官兵輔導委員會臺東農場提供）

才被准許退伍成為榮民，並安置在開墾好的農場裡。因此，這群曾參與開發計畫的中國老兵們，日後都在花東縱谷沿線定居，與當地不同族群的女子結婚，構成了臺灣東部多元族群文化的一部分。

木瓜溪畔的石頭地

一九六一年，開發總隊的第一批成員，約一千六百多人搭乘軍艦抵達花蓮港後，即進駐花蓮縣木瓜溪的河床上。他們主要負責防洪工程，第一步是修築堤防，第二步是開闢土地，利用河床上的石頭堆砌出田埂、規畫田地，並設置排水渠路。但是河床的新生地布滿了石頭，只能仰賴人力把石頭地填平，然後再運來泥土鋪墊在表層，日後才能種植農作物。

曾參與木瓜溪築堤工程的周鴻，一九三〇年生，江蘇揚州人。他是一九四八年在家鄉被抓伕後，被迫成為青年軍八十軍二〇六師的一員。隨軍來到臺灣後，就在高雄鳳山陸軍官校集訓。之後跟隨軍隊四處移防，在高雄鳳山、屏東東港、林邊、車城、桃園楊梅等地都駐防過。因為當兵的生活非常苦悶，所以他想盡辦法裝病退伍，最後進入了開發總隊，於一九六二年來到後山花蓮參與開發。

周鴻回憶初到花蓮時，開發總隊就在木瓜溪橋頭駐紮，先在附近蓋了三座大營房，三個大隊轄下共有十二個分隊，每個分隊則有一百人，全隊約有一千多人都睡在這裡。周鴻和其他隊員為了要把河川裡的大石頭挑去修築堤防，就地取材砍伐旁邊的相思樹來做工具，有時候還必須由五、六個人才能挑起一顆大石頭。他們每日以雙手雙肩搬運石塊，沒有任何的機械，幾年下來也順利修築了一千多公尺的堤坊。

同為開發隊成員的夏宗澤，原是浙江麗水市人，一九二五年生。在家鄉以務農維生，他是某天在田裡工作時被抓兵，隨後一路跟著部隊撤退，直到一九四九年二月隨軍退到臺灣進駐臺南機場，之後也曾被派到日月潭發電廠參與維修工作。一九六四年，他來到花蓮的開發總隊後，直接投入修築木瓜溪堤防工事。當時除了以人力拖拉河床地上的石塊，如遇到搬不動的巨型石塊，就會以鑽洞方式放入炸藥，等炸成小石塊後再進行搬運。

他們日復一日在河床上搬運石頭的畫面，曾透過紀錄片的方式被大家所看見，即是一九六五年由陳耀圻導演所拍攝的紀錄片《劉必稼》。[2]片中的主角劉必稼，本身是湖南新化縣人，一九一七年生，家中世代務農，由於父親早逝的關係，他很早就在家裡幫忙種田，直到一九四六年因為抽壯丁的緣故被迫從軍。他跟隨步兵部隊一路從上海、南京、安徽、江西、湖南往南方撤退。一九四九年，他跟隨軍隊退到越南後，在當地又被集中軟禁在富國島長達好幾年。直到一九五三年，整批部隊才從富國島回到臺灣，經過重新整編後，他成為了海軍陸戰隊的一員。

一九五五年，劉必稼轉調為砲兵，後來因為年紀漸長打算退伍，他就去報名開發總隊，直到第二次申請才獲准進入。一九六四年，劉必稼來到後山花蓮的開發總隊報到，如同其他隊員一樣，每日最主要的工作，就是在河床上搬運大小石頭，小石頭用扁擔挑，大石頭則以人力搬運。直到後來回憶起這段日子，劉必稼仍非常驕傲地說，自己當時年輕力壯，常常是搬運大石頭重量的第一名。

當堤防修築好後，下一步便是堤防內的整地工程，主要有規畫農地及修築道

2 一九六五年陳耀圻導演曾拍攝臺灣紀錄片史上第一部真實電影《劉必稼》。二〇〇四年人類學家胡台麗再度以劉必稼及其家庭，拍攝了紀錄片《石頭夢》。

路。夏宗澤回憶說，除了挖土修築道路，還要丈量田界及修築水溝，每塊田地以長五十公尺、寬二十公尺去規畫，就連田埂也是就地取材，直接使用木瓜溪的石頭堆砌而成，日後也成為當地的特殊景象。光是這樣的整地工程，就足足做了二、三年之久，直到開闢完成後，才全數交由花蓮農場管理。他非常自豪地說，這裡（現今花蓮縣光華社區）所見的道路，地基都非常穩固，全部都是他們用雙肩挑石頭、用雙手所鋪築而成的。

農場裡的貧困生活

自一九五〇年代開始，退輔會在全臺灣設有十幾處農場，作為日後安置退除役官兵的場域。這些農場多數是設在尚未開墾的邊際土地上，如河床地、山坡地與中央山脈，依地勢情形又可區分為山地農場和平地農場兩種類型。但這些農場普遍受限於土地貧瘠、技術不足及人員流動頻繁等問題，早期多數農場收穫未達預期，無法真正有效改善榮民的經濟條件，因此生活非常貧困。

一九六〇年代，花蓮農場是退輔會轄下面積最大的農場，轄區範圍遍及花蓮縣八個鄉鎮，土地面積約有四千六百多公頃，最盛時期安置的人數曾高達二千二百一十四人。而先前由開發總隊在花蓮縣木瓜溪北岸河川新生地所開闢的光華墾區，共整理出四百多公頃的農地，便由花蓮農場接管設為「光華農場」。許多開發隊員在退伍後，被安排住進光華農場，類似政府的屯兵政策。這些榮民除了配有農地外，也會依照單身或已婚的身分提供居住的眷舍。已成家者也可向農場申請成為「自耕農」，即農作的收益自理，但沒有土地所有權。

原本看似立意良善的安排，當這些榮民開始在光華農場生活後，才逐漸發現新生活並沒有想像的那般美好。一九六八年三月，周鴻從開發總隊退伍後，被分配住進光華農場新五村的磚造屋，一家人只能擠在十坪大的房子裡生活。但更辛苦的是，因光華農場土地太貧瘠，這些新開闢的田地，土壤只有表面薄薄的一層，下層都是石頭，完全種不出東西。最後只能由太太幫忙顧田，他去附近的中華紙漿廠打零工賺錢，才得以維持一家人的生活。

一九六九年二月退伍的夏宗澤，與家眷住進光華農場後，也面臨了同樣問題。他表示以前在開發隊僅管工作辛苦、薪水微薄，但至少每個月都有薪資可領。退伍後，凡事都要靠自己。退輔會雖然給了他一甲土地，但都是河床上新開墾的沙石地，土壤十分貧瘠，必須自行想辦法開墾耕種。

為了改善這一大片石頭田無法種植農作物的情況，夏宗澤只好到花蓮縣壽豐鄉購買土壤，再用牛車拖回來光華農場填埋，讓表層的土壤變得豐厚，才有利於耕種。此外，退輔會雖曾指示農場幹部，協助榮民從山上挖泥土回來填埋，或是偶爾下大雨時，大圳流進來的混濁泥巴水，經過沉澱後慢慢成為田地裡沃土的來源。但仍需要經過很長的時間，石頭田的土壤貧瘠問題才獲得改善。

土壤改善後，接下來就是灌溉水源的問題。早在土地開闢之時，雖然有修築水路，但也有農村常見的搶水問題。周鴻回憶當時除了常為搶水打架之外，自己的太太也經常要在夜晚參與排班放水，直到後來統一由農場控制水閘，才稍微改善眾人搶水灌溉的情況。

整體而言，住在光華農場裡的榮民及眷屬多數都過得非常貧苦。由於初期的農作產量普遍不高，除了努力改善農地的耕作條件外，多數人都必須在農閒時去附近的中華紙漿廠打零工賺錢。周鴻、劉必稼及夏宗澤都曾為了養家，到紙漿廠或其他地方做工，有時候一天下來能有四十元的工資，才能勉強養家。直到後來農地的耕作條件改善，漸漸可以種些稻米、蔬菜等，或是承租農場及別人的土地耕作，生活才趨於穩定。

另一方面，早年因為政府「反攻大陸」政策的限制，一九五二年頒布的《戡亂時期陸海空軍軍人婚姻條例》中，明文規定未婚來臺的士官兵不准結婚。這樣的禁婚令到一九五七年才陸續放寬，至一九五九年開放年滿二十五歲且服役滿三年的普通士官兵可以結婚。此時他們的年齡都已是三十、四十歲以上，超出一般人的適婚年齡，加上人生地疏的關係，找尋結婚對象也變得非常困難。

除了受到早期禁婚令的影響，這

一九五〇至一九六〇年代，花蓮農場墾區的農作狀況，從照片中仍可看見由石頭砌成的田埂。（圖片來源：國軍退除役官兵輔導委員會臺東農場提供）

些退役或服役的士官兵在軍中位階低待遇也較差，本身積蓄有限，導致可能無法結婚，進而衍生出兩種情況。一種是娶了非正常的結婚對象，另一種則是直接選擇單身不結婚。這也是為何後來榮民普遍會有老夫少妻、殘疾子女、單身等社會現象。

類似的婚姻狀況也同樣出現在光華農場裡。當時榮民如果娶寡婦或殘疾者大多不需要聘金，但是娶正常適婚女子的聘金數目就相當可觀，因此老夫少妻或娶寡婦、離婚者，是一九六〇年代在光華農場裡很普遍的現象。這些外省榮民的配偶來自臺灣不同的族群，以附近原住民阿美族占最多數，也有少數泰雅族、布農族、卑南族、太魯閣族，甚至是閩南、客家人及身體殘疾者。他們的配偶中，有一半以上的人是寡婦或離婚再嫁者，很多都是帶著孩子一起來到光華農場生活。某種程度上，榮民娶妻的最大目的是為了有子嗣傳宗接代，即使不是自己親生的孩子，也會透過收養方式，改成他們的姓氏與籍貫，以延續自身的香火。

透過人類學者胡台麗所拍攝的紀錄片《石頭夢》，我們得以看到劉必稼的家庭組成，便是遵循著這樣的婚姻模式。一九六六年，劉必稼在木瓜溪畔修築提防時，經人介紹認識了壽豐鄉豐田村的李阿比，她本身具有阿美族與噶瑪蘭族血統，前夫因病過世後，只能仰賴種田獨自扶養五名子女。一九六七年，劉必稼與她結婚後，收養了最小兒子改姓劉氏。一九六九年，劉必稼從開發總隊退伍，被分配到吉安鄉光華農場的土地，一家七口搬進了光華農場，過著貧苦的生活。與他們類似的榮民家庭，在光華農場裡並非少數。

遠離臺灣政治中心的東部後山，有一群低階的士官兵，在混亂時局中不得已隨軍隊來到臺灣。為了尋求一處可以棲身的土地，用盡雙手的力氣在河床地上搬運石頭、修築堤防，無奈換來的石頭田裡種不出夢想的果實。日復一日過著貧苦生活的他們，甚至在婚姻關係中也充滿了各種不安定的因素。最後，故鄉成了異地，異地反而成為了家鄉，這是許多外省籍榮民生命史的真實寫照。他們為了養家、謀生，一輩子努力地耕種著，壓抑心中對故鄉、親人的懷念。直到一九八七年開放返鄉探親後，他們才得以踏上盼望已久的返鄉之路。然而在返鄉後，除了有見不到已逝親人的遺憾，以及對兄弟姊妹的彌補心情，卻也變成被親人索要錢財的對象，這樣糾結而複雜心情，又豈是日夜期盼返鄉的老兵，事先能預見的呢？

★花蓮農場

花蓮農場成立於一九五二年十一月，原名為「花蓮大同合作農場」，最初隸屬於國防部，場址設於花蓮縣壽豐鄉的溪口地區。一九五四年十一月國軍退除役官兵輔導委員會（簡稱退輔會）成立後，即由國防部撥交給退輔會。一九六二年配合開發總隊在木瓜溪北岸河川新生地的開墾，後續安置新退士官一千五百人，並增設光華及忠義兩個分場。早年農場會對榮民進行農業生產方面的教育管理，也曾在此推廣種植棉花、豌豆、柑橘、桑樹、無籽西瓜、蔬菜及水稻新品種……等農作物，後期則成立飼料場、醬油廠，積極創造農場的產值。

★軍人婚姻條例

全名為《戡亂時期陸海空軍軍人婚姻條例》，一九五二年一月五日由總統公布施行。最早於一九五二年的〈戡亂時期陸海空軍軍人婚姻條例草案〉即明定現役軍人中除軍官、軍用文官及陸海空軍技術軍士以外，其他現役士兵不准結婚，此為禁婚令的開端。草案中基於維持戰鬥力、保障軍人生活及適應戡亂時期特殊情形（防範女匪諜）三項主因，不得不管制軍人婚姻。

然而軍人婚姻條例並非規範所有軍人，而是針對一般士兵與大部分士官，軍官始終未被列為婚姻管制的對象。這項禁婚令的規定，直到一九五七年才有第一次的修正，開放有技術且年滿二十八歲的士官結婚。一九五九年後，政府才大幅度放鬆規定，允許所有的士官兵在符合一定的年齡與服役年資時可以結婚。一九七四年，才正式將條文中，不得結婚者之範圍限制在直接參與作戰、任緊急防務及軍事院校的學生。

參考書目

行政院國軍退除役官兵輔導委員會編
二〇〇七，《輔導會眞情故事：農林機構篇》，臺北：退輔會。

李紀平
一九九八，〈「寓兵於農」的東部退輔老兵：一個屯墾的歷史現場〉，花蓮：國立東華大學族群關係與文化研究所碩士論文。

孟慶玲、夏婉雲編著
二〇二二，《站在石頭上的人：花蓮光華村的記憶與哀愁》，臺北：釀出版。

林勝偉
二〇〇三，〈從「戰士」到「榮民」：國家的制度建構與人口類屬的形塑（一九四九—一九七〇）〉，《臺灣社會研究季刊》第五十二期，頁一八七—二五四。

夏黎明等
二〇〇七，《放逐孤島的他者：蘭嶼、農場、管訓隊與外省老兵的生命史》，臺東：

臺東縣政府。

胡台麗

一九九〇，〈芋仔與蕃薯：臺灣「榮民」的族群關係與認同〉，《中央研究院民族學研究所集刊》第六十九期，頁一〇七—一三一。

二〇〇五，《石頭夢 Stone dream》（紀錄片），臺北：胡台麗。

范郁文

二〇〇八，〈榮民成爲農民：退輔會農場的歷史分析（一九五四—一九八〇）〉，《中央研究院近代史研究所集刊》第六十期，頁一二七—一六八。

第四部

流離在外的中國老兵

許雅玲

一、遙遠的眷村：香港調景嶺

對於一九九〇年代後出生的世代來說，香港調景嶺可能是個陌生的地名，若上網搜尋，會看到一棟棟高聳的大樓，跟香港其他住宅區沒有什麼太大的差別。然而在一九九六年某一天，當時電視新聞播放著香港調景嶺老屋拆遷的專題報導，卻勾起臺灣、香港兩地人一段遙遠的回憶。這裡曾像是臺灣的眷村，住著一群心向中華民國的移民，每當十月十日前夕，滿山坡平房遍插中華民國國旗，在香港顯得格外醒目。

很多人看了新聞後同時也好奇：「調景聽起來像『吊頸』，難道這裡曾發生什麼不幸的故事嗎？」

位於今日香港新界西貢區的調景嶺，在香港早期的英文書面資料裡又稱為Rennie's Mill。這是因為一九〇五年時，曾有一名商人倫尼（Alferd Rennie）在此開設麵粉廠，經營失利而自殺。這個故事為此地蒙上不幸的陰影，當地人也開始稱這裡是「吊頸嶺」，直到一九五〇年代有難民遷入，才改稱調景嶺。

浪跡香港

一九四九年底，中國國民黨在與共產黨的內戰（下稱國共內戰）中大敗，政府與大批的軍民撤退至臺灣，但也有不少各省民眾往南撤退英國殖民地香港。根據統計，香港在一九四九年底至一九五〇年初，人口從一百八十萬人一下子暴增到二百三十萬人左右。在這些逃往香港的人當中，主要有三種人。第一種是富豪與政界人士；第二種是華南地區的平民，尤其是廣東省；第三種則是國民黨中下級官兵。前兩者基本上透過經濟與地緣關係，很快就能在香港取得安身之處，或轉進臺灣，而第三種則因為言語不通、人生地不熟而無處可去，很多人甚至被迫露宿街頭、四處乞討。然而，香港警方嚴格取締遊民、乞丐的態度，讓難民更感受到在異地生活的苛刻。

他們後來注意到香港本地的私人慈善組織東華醫院願意收容難民，便紛紛前往登記、求助。一九五〇年四月，已經有五千多人登記，遠超出東華醫院的負載量。東華醫院向香港政府通報、協商後，由香港社會局出面，將難民引導至醫院附近、港島西側的摩星嶺（Mount Davis）山區安置。由於東華醫院所能提供的物資有限，難民們只能設法撿取樹枝、樹葉等材料，搭設安身之處。但過沒多久，一場衝突又使他們踏上遷徙之路。

轉進調景嶺

一九五〇年六月的端午節假期，一群原先要到野外遊玩的本地工人，路過摩星嶺時，朝著難民跳著共產黨色彩濃厚的「秧歌舞」，嘲弄這些落難的國民黨軍人。工人們的冷嘲熱諷激起了他們的不滿，釀成一場激烈的鬥毆，造成多人受傷。香港警方受通報前來維持秩序，並在不久後，將安置在這裡的難民們遷往九龍半島東側的調景嶺。調景嶺在二戰時期，又接連被英、日軍徵用為營地，當地人聽聞日軍在

難民初到調景嶺時居住的木棚屋。（圖片來源：國家發展委員會檔案管理局提供）

以木板搭建的海上公廁。（圖片來源：國家發展委員會檔案管理局提供）

此關押、處決不少走私客，因此認為這裡是不祥之地，加上形勢孤絕，少有人在此活動。

難民初到調景嶺時，香港政府在這裡用油紙（防水紙）和木架趕工搭建大量的A字棚，還有簡陋的公共廚房、廁所等設施。不過，這些A字棚僅能容納三千人左右，剩餘的人只能自行設法找材料搭建棲身之所。

根據當時香港政府統計與學者調查，難民被安置到調景嶺後，人數仍不斷增加，到一九五一年八月已經突破兩萬人。香港政府雖然在一九四九年四月至一九五〇年五月間，先後實施《移民管制條例》、封鎖中港邊界，但仍不斷有難民以各種方式偷渡。一九一八年出生的國民黨軍人郝次航，就在一九五〇年四月至五月間沿路從祖籍地山東往南逃到上海、廣州、深圳，再從深圳的羅湖（今中國深圳市羅湖區）花錢買通黃牛帶路爬過中港邊界的鐵絲網，進入香港。在西環流浪一年多後，才進入調景嶺，受同鄉的接濟，一同住在A字棚裡。

根據一九五一年的調查與統計，當時調景嶺曾有十數省的同鄉會組織（如下表），一個小小的村子裡，匯聚了來自大江南北的各路人士。

香港政府社會局在此設立了調景嶺營辦事處，登記難民清冊，每日憑飯票發給

一九五〇年代初期調景嶺各省同鄉會

＊同鄉會及成員人數

省份	人數
江蘇	2,450
浙江	580
江西	2,160
湖南	5,040
湖北	3,483
廣東	3,132
廣西	505
山東青島	1,476
陝西	127
察綏	19
熱河	25
甘清寧	31
福建	146
山西	60
安徽	2,024
四川	513
貴州	130
雲南	96
海南	132
東北十省三市同鄉會	600
上海	164
河北	654
河南	1,407

資料來源：林芝諺，《自由的代價：中華民國與香港調景嶺難民營（一九五〇—一九六一）》，頁六三。

＊表內爲中華民國大陸時期之行政區劃。

登記者兩餐膳食，並統籌治安、福利、衛生、醫療等工作。同時也引介數個基督教、佛教的團體進入協助。

香港政府即便整合了社會、宗教團體的資源，供應膳食以安頓調景嶺的難民，但當時香港經濟受到韓戰衝擊，這筆開銷無疑是個很大的負擔。而這群具有特定意識形態的難民，長久居留於此，對香港社會、政治情勢也可能帶來變數。另一方面，這些難民多數最初是為了逃避共產黨統治而暫時逃入香港，普遍認為自己有朝一日終要落腳臺灣。然而，申請入臺並沒有香港政府與難民想像中的順利。

下一站，臺灣？

一九五〇年代初期，香港政府曾分別設法和中國國民黨、共產黨政府交涉遣返事宜，共產黨方面以這些人是「國民黨特務」為由，果斷地拒絕。中華民國國防部派員評估之後，向行政院回報，認為這批人員組成複雜、身分不明，難以檢視其忠誠度，可能有共產黨分子混雜其中，因此不建議政府將其接運來臺。最後僅收容部分難民，將另一部分難民以證明文件不足為由原船遣回。時任香港總督的葛量洪（Sir Alexander William George Hender Grantham），看到遣回者多為傷殘者，難以接受國民黨政府的處置，認為國民黨政府表面上以防範匪諜為考量，實際上是不想負責這些傷殘者日後的生計。

國民黨政府的想法其來有自，一九四八年至一九四九年他們在國共內戰中節節敗退，認為疏於防範敵方的宣傳、滲透，是戰事失利的重要原因之一，因此自一九四九年初，即開始實施「臺灣省准許入境軍公人員及旅客暫行辦法」，嚴加審查從中國大陸入境臺灣的人員，以預防人口過度增加，超過負載能力，並防範共產黨滲透臺灣。陳誠認為在此緊要關頭，臺灣猶如中國的救生艇，必須善加維護。

這樣的作風，卻在一九五〇年六月韓戰爆發後開始有鬆動的跡象。當時國際情勢對於中華民國而言，已不像先前那般嚴峻，且香港的難民不斷透過媒體呼求，希望政府早日將他們接至臺灣。政府內部經歷一番討論後，於一九五〇年十二月頒布「便利香港調景嶺難民入境申請辦法」，開放難民申請入臺。

此規定的實際運作狀況，卻讓很多遠在異鄉忠貞支持國民黨政府的人，感到心灰意冷。此規定中的入臺要件：首先，規定在調景嶺營辦事處登記有案、領有飯票者才具申請資格。其次，且需由在臺任委任文官、少校軍職或其他事業機關同等職位人員二名，或店舖一間具保，且經臺灣省保安司令部審核後，方能入臺。

從研究資料及難民的口述來看，在初期兵荒馬亂的狀況下，並非所有人都登記得到飯票，飯票也不等於身分證明。且難民最關心的是能否夠得到實際的溫飽，有些人在當地社會找到其他出路後，會將飯票出售給他人。在規定公布後，飯票甚至因此水漲船高，有人悻悻然投書媒體，感嘆此制度的荒謬：

> 儘管你是大陸上的賣命兒，共黨折磨半死的亡命人，甚至與敵人生死搏斗的游擊英雄，因為你沒飯票，你的忠貞就成了問題，也就休要妄想入臺了。

有些人即便擁有飯票，且成功找到在臺保證人，但往往提出申請後，消息卻如石沉大海。很多人在日後逐漸了解到，這背後有許多因素阻礙他們前往臺灣，比如國民黨軍隊內部的派系傾軋、難民個人的身家背景，或者被懷疑是共產黨分子或第三勢力（非國共支持者）。

打造一個海外眷村

這樣僵持不下的局面，一九五二年開始有了突破。該年香港政府有鑑於財政已不堪負荷，宣布從一九五三年起將停止供應調景嶺難民膳食，並要求中華民國政府盡快將難民引渡回臺。

原先就傾向就地安置難民的中華民國政府，決定將調景嶺打造成海外的反共據點，在香港為其政治意識形態發聲。因此，首要任務就是設法接續香港政府對調景嶺的補助。但當時中華民國政府與香港殖民母國—英國沒有正式邦交，因此只能透過民間組織「中國大陸災胞救濟總會」（救總）處理相關事務。成立於一九五〇年四月的救總，成立宗旨為救助流亡海外的反共人士。雖說是民間組織，但官方色彩濃厚，會內的理監事多為黨政高層，如總幹事方治為總統府國策顧問；主持會務的常務理事谷正綱為國民黨改造會第二組主任。且至調景嶺被拆遷前，救總在調景嶺的日常運作中，扮演至關重要的角色。

中國難民逃到香港，被安置至調景嶺的過程，最初可說是無心插柳。原本他們希望可以被引渡至臺灣，奈何中華民國政府另有盤算，許多人在等待的過程中，也逐漸適應香港社會的生活，選擇接受現實，留在那裡落地生根。

★ 清拆調景嶺

調景嶺鮮明的意識形態，曾是香港特殊的風景。一九九〇年代，香港主權即將回歸中國之前，香港政府突然決定將調景嶺納入鄰近的將軍澳新市鎮開發計畫，拆除嶺上寮屋。然而，由於一九六〇年代政府曾與居民協議，承諾讓居民無限期居住於此地。於是，居民與政府訴訟、求償，最終勝訴，並獲得額外的賠償金。最後，調景嶺在一九六六年四月至七月間進行拆除工作，居民被安置至香港其他區域居住。

參考書目

《中國之聲》雜誌

丁新豹、汐爾、劉義章編著

二〇一九，《情繫調景嶺：二十個嶺上人的故事》，香港：三聯書店。

王裕凱研究指導，陳勃等研究報告

一九六〇，《香港調景嶺難民營調查報告：爲響應世界難民年作（一九五九—一九六〇）》，香港：香港大專社會問題研究社。

林芝諺

二〇一一，《自由的代價：中華民國與香港調景嶺難民營（一九五〇—一九六一）》，臺北：國史館。

計超

二〇一三，《荒原上的遺民：調景嶺的滄桑歲月與愛的軌跡》，香港：印象文字。

楊孟軒

二〇一一，〈調景嶺：香港「小臺灣」的起源與變遷，一九五〇—一九七〇年代〉，

《臺灣史研究》第十八卷第一期，頁一三三—一八三。

劉義章、計超

二〇一五，《孤島扁舟：見證大時代的調景嶺》，香港：三聯書店。

薛月順

二〇〇一，〈臺灣人境管制初探：以民國38年陳誠擔任省主席時期爲例〉，《國史館學術集刊》第一期，頁二二五—二五六。

魏合吟

二〇二〇，〈香港調景嶺：政府救濟與難民援助〉，《檔案樂活情報》第一六二期，網址：https://www.archives.gov.tw/ALohas/ALohasColumn.aspx?c=2256。

羅金義、雷浩昌編著

二〇一五，《山河、家國、難民情：調景嶺小故事》，香港：匯智。

二、消融於香港社會的「嶺上人」

一九五〇年代初期，中華民國政府在海外遠遠號召調景嶺難民，但又始終不願全面引渡難民。這不僅引起部分難民的反感與質疑，也引起香港政府的不滿。畢竟當時香港政府的財政相當困窘。且容納大量政治意識形態與本地社會迥異的人士長居在香港，對於香港政府而言，無疑同時是治安與外交的隱憂。一九五二年，當香港政府決定停止供應調景嶺難民膳食時，一時間讓調景嶺的種種爭議顯得更為尖銳。為了解決香港政府停止供膳的問題，一九五三年，中華民國政府透過民間組織中國大陸災胞救濟總會（救總）將資源投入調景嶺，並接管原由香港政府社會局運作的辦事處，暫時處理難民留置在香港的問題。

來自臺灣的資源與動員

一九五三年，救總透過香港的商會成立港九各界救濟調景嶺難民委員會（救委會）。在調景嶺設立辦事處，統籌物資發放的事務外，也協調難民成立自治組織，將住戶分成若干小區，分區管理。

在教會與救委會的協助下，基礎設施也逐漸充實，如醫院、學校等，能夠解決難民的基本生活需求。值得一提的是，當時救總相當著重教育方面的補助，如補助學費、教材，早期當地中小學所使用的課本，是由臺灣提供。也因為教材與香港本地不同，學生往後升學也會優先報考臺灣的大學。甚至香港本地有些家境不好的家庭，也會將小孩送到這裡念書，以節省教育費用的開銷。

雖然難民無法逐一申請入臺，但救總提供相當優渥的待遇，給來臺求學的調景嶺子弟。包括前往臺灣的交通費、抵臺後四年的學費，甚至按月發給零用金。對經濟狀況不好的難民來說，又多了一層赴臺就學的誘因。

對於第二代難民和香港本地人而言，早年調景嶺的文化，與其他地方有著非常大的差異。比如早期調景嶺是香港唯一在學校用普通話教學的區域，區內居民也各自操著南腔北調的方言，在作息、節日上，則傾向與臺灣同步。因此每逢元旦、青年節、雙十國慶、蔣公誕辰等中華民國國定假日時，調景嶺也會舉辦慶祝活動。每當船隻駛近調景嶺，人們都會看到山頭上大大的政治標語、蔣公銅像，以及滿處飄揚的中華民國國旗，洋溢濃厚的節慶氣氛。

在調景嶺漂蕩的白色幽靈

並非每個難民都能接受政治色彩濃厚的日常作息，且救總的補助也非全然無條件供給。比如曾在調景嶺擔任教師的張寒松，曾為了教材的內容與駐營辦事處主任爭執，當兩人僵持不下時，主任甚至揚言取消他的飯票。他也提到每當國定假日時，雖然自治辦公室、同鄉會、學校等都會自動自發前來參加活動，讓場面相當熱鬧。但有些人即便不感興趣，可是因為怕被他人質疑政治立場，而不敢不參加。

調景嶺艱困、封閉的生活環境，強化了難民們同仇敵愾的心理。有許多第一代難民在日後受訪時，不約而同地提到，當年嶺上若發現共產黨分子，或國、共以外的「第三勢力」，輕則趕出嶺外，重則會被難民聯手丟入大海。

另一方面，國民黨對於匪諜的防範，並沒有因為接手安置調景嶺難民而停止，反而藉此派遣情治人員來香港，滲透到調景嶺的駐營辦事處及自治單位中，監視難民的思想與行動。有被趕出的難民，在第三勢力雜誌控訴情治人員無孔不入的監視，甚至透過栽贓誣陷以爭取業績：

臺灣竟將我們視同罪犯（理應以忠貞分子待我們），最初則派特務分子多方偵察我們，繼則收買少數分子向我們作情報工作，再則要我們在工作上有竭誠擁蔣的表現。於是我們難民中就有了許多組織，每個組織中便有了許多收買分子……爲了表示他們有工作並竭誠擁蔣起見，今天報告某某等曾靠而不攏，明天報告某某等參加第三勢力，甲報告乙，乙報告丙，丙又報告甲，暗中造謠……弄得大家都疑心疑鬼，都是一群壞蛋。這樣一來，整個的難民營便被恐怖的空氣籠罩起來了……難民們，對於臺灣，只有歌功頌德的自由而不敢有半個字的批評了。只有看香港時報的自由而沒有看其他書報的權利了。如果有人看大公報，一定被指爲共產黨，如果有人看中國之聲、獨立論壇、自由陣線甚至自由人等刊物，一定被指爲第三勢力。

另一位署名「夏日炎」的難民在一九五二年投書到《中國之聲》，控訴自己被侵害言論自由的遭遇。該年五月某日夜晚，自治單位的人擅自闖進他的草蓬中，以他棚內放置的《中國之聲》雜誌、正在書寫的文稿，而認定他思想有問題，將他監禁數日，後又趕離調景嶺。

即便是留下來的第一、二代調景嶺難民，他們回想草創時期，雖無不懷念大家胼手胝足創建家園、共患難的時光，但在他們的溫馨回憶中，卻也經常透露嶺上黨同伐異、互相監視的氣氛，彷彿有白色的幽靈，在營區縈繞不去。

從難民變居民

對於一九五〇年代的香港社會來說，調景嶺是個頗為尷尬的存在。在學者王裕凱所主持的調景嶺調查報告，就指出其中的曖昧之處：

> 按本港之難民問題，從廣義的說，似乎該泛指，大陸政權變遷後，使本港出現大量避難之中國人之總稱。因此調景嶺營內居住之難胞，與散居本港各地者本質上不易有所區分。

顯示當時的香港社會也注意到，來港的難民大多日漸融入當地，而調景嶺卻像是國中之國，不受政府直接管轄。

再者，從一九五〇年代末政府與學者調查調景嶺社會、經濟狀況的報告顯示，由於香港因發展工業而經濟起飛，許多難民開始到工廠工作，或做家庭代工營生，且中華民國也逐年同意一批批難民申請入臺。種種的原因，使不少人搬到香港其他區域居住，或者前往臺灣，嶺上的居民從一九五〇年代初期最高峰的二萬多人，至一九五八年剩七千五百人左右。

同時，也有些經濟狀況不好的外地難民，則注意到調景嶺的生活開銷低於香港其他區域，而搬進來居住，使得調景嶺的居民組成逐漸改變。調景嶺變得更加在地化，同時，跟其他區域的界線也變得模糊。

一九五〇年代末，香港政府財政因經濟成長而改善，且有鑑於難民違章建築造成治安、公共安全的問題，如著名的一九五三年石硤尾大火，延燒十餘公頃的木屋，使近六萬人流離失所。事實上，調景嶺在一九五〇年代也曾多次發生火災、集體食物中毒等公安事件。

香港政府因此決定逐步整頓境內各難民聚居地（寮屋區），將之納入管理並徵收稅金，其中包括調景嶺。考量到當地特殊的政治色彩，將調景嶺納入徙置區的政策經過二年多的醞釀、規畫，才在一九六一年六月落實。

調景嶺成為徙置區後，香港政府開始發給難民身分證，並導入自來水、電力系統、聯外巴士、道路、郵局、警察局等公共設施。在此之前，調景嶺的對外交通、運輸，長期仰賴每日少數幾班的船運，與港島東端的筲箕灣聯絡。有了巴士、聯外道路及增加船班、航線後，則更方便與其他區域直接往來。最重要的是，難民的去留問題終於塵埃落定，在身分上也從或許有一天會離開的「難民」轉為居民。

何處是我家？

難民的去留、是否成為居民，不單是制度上調景嶺被納入香港政府管轄的問題，難民們的想法也相當關鍵。

一九五〇年代末期香港政府的調查報告，點出了一個相當有趣的現象。當一九五〇年代中華民國政府逐批同意難民申請入臺時，其實有些人雖然取得了入臺申請，但卻未動身離開。前一篇提到的國民黨軍人郝次航，在訪談中，就談到入臺與否的考量：

> 當年的香港比上海落後二十年，而臺灣又比香港落後。我想我在香港是混日子，如搬去臺灣又得重新混起，何必呢？不如在香港定下來算了！

難民們花了一番功夫在香港落腳，若要到臺灣重起爐灶，不難想像將又是一個大工程，究竟前途如何也是未定數。

許多第二代雖然在救總的資助下，在調景嶺念完中小學，前往臺灣就讀大學，但學成以後未必會留在臺灣就業、定居。仍有不少人學成以後，選擇回到香港，或者前往歐美就業。他們成長於調景嶺開始在地化的年代，能通曉廣東話，也多了不少跟香港本地人往來的經驗。調景嶺對於他們和第一代來說，雖然都是相當重要的精神象徵，然而兩代對於「何處為家？」卻有明顯不同的想像。

第一代居民對中國大陸的家鄉、在臺灣的中華民國政府有強烈的嚮往與羈絆，在生活、語言上也與香港社會格格不入。在一九六六年調景嶺清拆，他們遷入公屋後，很多本地人才注意到調景嶺的長者仍舊操著鄉音，言語不通。第二代則認為自己是香港市民，也認同香港政府的統治。

無論如何，隨著調景嶺清拆、改建，這份獨特的集體記憶也逐漸消逝、被遺忘，尤其隨著第一代調景嶺人的凋零，又有誰會記得調景嶺難民的歲月呢？

參考書目

《中國之聲》雜誌

丁新豹、汐爾、劉義章編著

二〇一九，《情繫調景嶺：二十個嶺上人的故事》，香港：三聯書店。

王裕凱研究指導，陳勃等研究報告

一九六〇，《香港調景嶺難民營調查報告：爲響應世界難民年作（一九五九—一九六〇）》，香港：香港大專社會問題研究社。

林芝諺

二〇一一，《自由的代價：中華民國與香港調景嶺難民營（一九五〇—一九六一）》，臺北：國史館。

計超

二〇一三，《荒原上的遺民：調景嶺的滄桑歲月與愛的軌跡》，香港：印象文字。

楊孟軒

二〇一一，〈調景嶺：香港「小臺灣」的起源與變遷，一九五〇—一九七〇年代〉，

《臺灣史研究》第十八卷第一期，頁一三三—一八三。

劉義章、計超
二〇一五，《孤島扁舟：見證大時代的調景嶺》，香港：三聯書店。

羅金義、雷浩昌編著
二〇一五，《山河、家國、難民情：調景嶺小故事》，香港：匯智。

三、越南富國島上的囚禁歲月

在高雄的澄清湖中，有一個占地約一百平方公尺，名為富國島的人工島。很多人可能曾駐足於此處，欣賞湖景，但應不知道島的名字，其實是為了紀念某一群人在越南富國島的艱辛記憶。

對於大多數臺灣人來說，談到一九五〇、六〇年代幾批撤退來臺的國軍，就會先想到大陳島義胞與緬甸、泰北的孤軍。然而，卻鮮有人知道，幾乎在差不多的時間，還有另一支多達三萬人的軍隊，在另一個異域——越南歷經三年多的磨難與流浪，終於在一九五三年六月抵達臺灣。他們的遭遇，在早年反共抗俄的敘事結構裡，也許不被認為是特別可歌可泣的故事，但他們在當時外交情勢不利的情況下，在越南受法軍長時間羈留、欺凌，熬過似無盡頭的等待，設法從中生存的處境，仍值得介紹。

亡命越南的部隊

他們為什麼會在越南停留這麼長一段時間呢?這首先要從一九四九年年底,國民黨與共產黨在湖南的戰事說起。一九四九年十二月,由黃杰所率領的中華民國第一軍團,從湖南一路受共產黨軍隊追擊,南下到廣西與越南的邊界,當正躊躇要往雲南還是海南島撤退時,此時卻接連收到雲南省政府主席盧漢投共、往海南島路徑受共軍封鎖的消息。黃杰與部將討論後,決定「假道入越,轉回臺灣」,也就是向駐在越南的法軍借道,經由越南前往臺灣。

黃杰與法軍代表交涉後,法軍原則上同意國民黨軍隊進入越南境內,並依國際法規定,供應糧食至出境為止。但國軍入境後,需卸下武裝,交由法軍保管;若共軍入境追擊,國軍可重新武裝、抵禦。雙方於一九四九年十二月十二日簽署協議,黃杰與第一軍團於隔日進入越南境內。然而,在國際情勢的多方角力,以及中華民國政府另有盤算的情況下,路途實際上遠比黃杰預想得漫長與曲折。

首先,法軍方面很快就接收到來自中國共產黨方面的抗議,且當時法軍在越南境內正與越南共產黨所組織的越南獨立同盟(以下簡稱越盟)交戰,戰情並不樂觀。法軍為避免與中共間另生爭端，同時又期望以中華民國軍隊為人質，促使美國出兵援助。因此並未完全遵守協議，而是將倉皇逃入越南的國軍與將領，分別軟禁在蒙陽、萊姆法郎、河內三處。後來隨著法軍與越盟在越南北部的戰情日益緊張，一九五〇年三月法軍開始將國軍往南遷至金蘭灣及富國島，繼續軟禁。黃杰也被帶到西貢。

韓戰（一九五〇年六月至一九五三年七月）初期，美國原先期待英國與法國能在東南亞分別牽制緬甸、馬來西亞、越南的共產黨勢力，因此不僅援助法軍，且曾試圖與中華民國政府商議，提供軍備，就地武裝被拘留的國民黨軍隊（下稱留越國軍）。然而，一九五一年下半，美國察覺到法軍只是利用留越國軍來索討軍援，沒有實際運用這批軍力的意願，因此轉向將留越國軍遣送回臺。即便如此，中華民國政府內部仍對於留越國軍是否遣臺仍無定見，甚至期望未來臺灣去中立化後，能將這批軍力另做運用。

當各國爭相謀畫如何運用這批軍力時，幾乎沒有人會去考量這群人到底是如何組成？以及他們無奈的處境。

事實上，一九四九年底至一九五三年，除了黃杰的第一軍團外，還有其他從廣

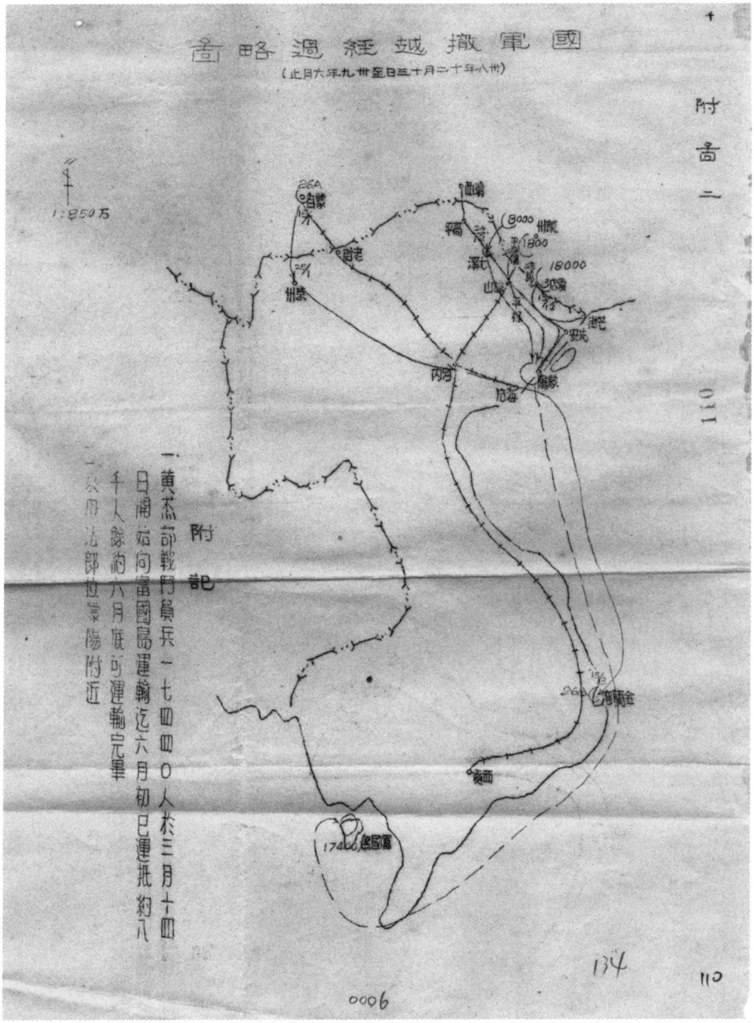

一九四九年十二月至一九五〇年六月國軍撤退越南路線圖。（圖片來源：國家發展委員會檔案管理局提供）

西、廣東、雲南撤退的軍團、眷屬、游擊隊及學生等，也陸續進入越南境內，接受整編，統由黃杰督管，至離開越南前共有三萬多人。這麼多不同來源的人馬，也意味著各省語言不通、不同軍系暗自較勁等麻煩問題，若不重新編組、發配任務，衝突可能隨時一觸即發。而且除了態度不友善的法軍外，越南境內還有另一個敵對勢力，也就是前面所提到與法軍交戰的越盟。行蹤不定的越盟游擊隊，對於毫無武裝的留越軍民來說，是治安的一大隱憂。

寄人籬下的生活

眷屬跟學生們隨著軍隊敗逃，且被迫離開家園，流落至異邦，法軍雖名義上按協議每日提供糧食、物資，但對待留越國軍的待遇卻相當不人道。一九四九年十二月至一九五〇年三月，適逢越南冬季的陰雨天，在條件較差的蒙陽營區，大量的人群被法軍集中在狹小且毫無遮蔽的空地上，任由蚊蟲叮咬、雨淋，又派傭兵荷槍看守，處境與戰俘無異。法軍僅發給每人每日四百五十公克的米和魚乾，飲用水則只能汲取海水代替使用。在營養、醫療、衛生條件都相當惡劣的狀況下，不少人感染痢疾或瘧疾，而不幸病死。即便是倖存下來的人，也有很多都曾在鬼門關前走一遭。

跟著父親逃到越南的中醫董延齡、時任軍官的黃振漢，都曾在蒙陽感染痢疾，不斷拉肚子、發高燒，甚至陷入昏迷。當時年僅十一歲的董延齡在病重之際，一度被家人認為即將死去，甚至難過地問他離世前還想吃什麼東西。沒想到董延齡居然在進食後奇蹟地康復，逃過一劫。

黃杰回憶起初次前往營區巡視時，見到營區的慘狀，並聽聞法軍傭兵藉口搜查武器，搜刮官兵甚至眷屬財物時，感受到寄人籬下的屈辱與憤恨。只是奈何形勢比人強，他只能設法向法軍爭取更多物資及安置軍隊的條件，並在往後漫長的日子裡，設法處理法軍種種的刁難，以及安撫軍隊因長久羈留而產生的不滿。比如一九五一年國軍在聖誕節發動大規模絕食運動，企圖引起國際關注，並抗議法軍的長期軟禁。黃杰不僅得面對法軍尖銳的質疑與咎責，同時也必須以堅定的態度持續向法軍爭取物資，並要求中華民國政府向國際求援，協商早日讓留越國軍返臺。

孤島上的悲喜歲月

另一方面，從基層人員的角度來看，當時富國島上的種種任務、操練，在敗戰、等待歸臺漫無期限、物資匱乏的多重打擊下，則更顯得百無聊賴與憤慨。到富國島之後，除了既有的法軍撥糧之外，中華民國政府開始撥款給滯越的人員每人每月二十至三十元越幣，可自行採買、補給物資。然而，款項會因行政程序等因素拖延，無法按月準時發給。許多軍人為了增加食物來源，補充營養，曾設法變賣各種物資給本地人，甚至偷本地人的農作物，不然就是涉險採集許多現今看來獵奇的動植物，作為盤中飧，例如猴子、變色龍、蛇，或者山裡的不知名野果。甚至在同袍重病且缺乏醫藥時，透過觀察猴子的行為，設法從野地找到可以救命的草藥。從他們的回憶裡，可以看到他們在絕境中多方設法求生的努力，同時也深刻感受到流離失所的悲哀。

在荒地一片的富國島，國軍初期最重要的工作是興建房舍。老兵曾邑英想起當時，隊上被指派修建房舍的任務，簡直是無窮無盡的勞役。每天到山上砍茅草、樹木，同時又要想方設法躲避會吸血的螞蝗、蚊蟲，再忍著飢餓與疲憊，將建材扛下山。但部隊長官在房舍逐漸完成、人員得以遮風避雨後，又「不斷求新求變，到求好求美」，要求士兵一再地往山上尋找更好的建材，修築、裝潢房舍。同時又捨棄二戰時日軍遺留的司令台不用，硬要重新建造一座更加豪華的新司令台，並在司令台上鐫刻對聯：

退守越南雙手創造新環境
反攻大陸一心收復舊山河

讓曾邑英更感荒謬的是，在司令台落成之時，部隊還舉辦盛大儀式，召集所有人員及軍樂隊，迎送黃杰前來訓話。他看著眼前貌似不可一世的黃杰，想起他們事實上不過是被分別軟禁在富國島與西貢的敗兵敗將，覺得諷刺不已。

另外，在歷經沿路的敗逃和越盟游擊隊環伺的狀況下，不少士兵早已期望軍隊恢復操練，維持作戰能力，司令部卻不斷要求士兵修築房舍，使得一度恢復的操練又不了了之。而部隊中更是充斥各種狗屁倒灶的事蹟，像是軍官私自徵用士兵作為差使，部隊上下級間因鄉貫不同而充滿歧見，或者是各種不合理且殘忍的刑罰，如杖刑、公開關籠示眾，也使當時不少士兵索性「開小差」，設法逃離軍隊，落地越南求生存。

不過，從其他人的口述記錄看來，當時富國島各營的物資條件可能不盡相同，因此有些人則以苦中作樂的心情看待落腳富國島後的生活，當地環境與天然資源比越北優渥許多。即便糧食不足，但能夠透過養豬、下海打漁、上山捕獵等方式打牙祭。如廣西出身的軍官石鑑輝，當時和部隊在沙地裡種空心菜、山上種木（樹）薯、養雞，以充作食物來源，至離開越南時，甚至留下了幾百隻雞。部隊又設法發行報紙、舉辦球賽、游泳比賽、戲劇等各種文康活動，不僅讓很多來自內陸、不諳水性的士兵變成游泳好手，多少也舒緩了眾人枯等焦急的心情。

但對於所有人來說，無論他們再怎麼設法充實自己的生活、美化富國島上的生活環境，不變的仍是寄人籬下，沒有國家庇護的辛酸，還有對於新家園臺灣的冀望。他們雖然從不曾造訪臺灣，但那裡有一個可以信任的政權，能夠成為他們的歸宿。即便再怎麼前途茫茫，終有一日，他們還是要離開「異域」越南，前往臺灣。

參考書目

秦慧珠

二〇二二，「一九五三我從越南富國島來（留越軍民生活影像紀錄）」，YouTube影片，四月十四日，網址：https://www.youtube.com/watch?v=BTz9wAJG_SM。

陳鴻瑜

二〇二二，《揭密：冷戰時期台灣與東南亞國家之軍事關係》，臺北：學生書局。

陶如朗

二〇二一，〈我在富國島的日子（一）〉，榮民文化網，網址：https://lov.vac.gov.tw/zh-tw/memory_c_6_358.htm?4。

陶如朗

二〇二一，〈我在富國島的日子（二）〉，榮民文化網，網址：https://lov.vac.gov.tw/zh-tw/memory_c_6_359.htm?1。

陶如朗

二〇二一，〈我在富國島的日子（三）〉，榮民文化網，網址：https://lov.vac.gov.

tw/zh-tw/memory_c_6_360.htm?3。

曾邑英

二〇二一，《異域三載：我在越南富國島集中營的日子》，臺北：遠見天下。

黃杰

一九八四，《海外羈情》，臺北：傳記文學。

黃振漢口述，黃幼娟撰稿

二〇二一，〈一江東水：記父親的軍旅生涯（一）〉，《傳記文學》第一一八卷第一期，頁六八—八一。

黃振漢口述，黃幼娟撰稿

二〇二一，〈一江東水：記父親的軍旅生涯（二）〉，《傳記文學》第一一八卷第二期，頁八〇—九七。

黃翔瑜

二〇〇七，〈滯越軍民之接運來臺（一九四九—一九五三）〉，《國史館學術集刊》第十一期，頁一四三—一八八。

二〇〇七，《留越軍民訪談錄（一）》，臺北：國史館。

四、從越南富國島到富臺新村

黃杰率領的第一軍團在一九四九年底逃入越南，之後又陸續有其他中華民國部隊、民眾、眷屬進入越南境內，至一九五三年間，達到三萬人之多。他們解除武裝進入越南之後，卻因為法國、美國、中華民國三方在冷戰局勢下，各有不同的軍事考量，長期滯留在越南。直到一九五二年初，美中達成共識，認為應將留越國軍遣運臺灣，加上駐越法軍將領更替，與中華民國關係漸趨和緩，才使留越國軍的回臺路漸趨明朗。同年底拍板確定於隔年將留越國軍運送回臺。

返臺之路露出曙光

經過數個月的規畫，一九五三年五月十五日起中華民國政府，從國防部、交通部分別調派軍艦、商船，共二十三船次，由高雄港啟航，分批將人員載回。這時程與運輸規模的安排，一來是希望錯開雨季，以免延誤輸運。二來是為了避免船隊目標明顯，在海上遭遇攻擊。在此期間美方也派出第七艦隊沿途戒護。

從老兵的回憶來看，眾人得知返臺消息的管道大不相同。有些人如老兵陶如朗，是在集會中，由長官宣布即將回臺的消息，但消息發布後，在不知期日的等待中，有日「偶然」發現海上有懸掛中華民國國旗的船艦，向他們駛來。他與同袍既驚喜又感動，甚至回到臺灣好一段時日後，每當唱國歌時，仍會忍不住痛哭失聲。

老兵曾邑英則是先歷經一段神話般遭遇。他在富國島的山區工作已有數年，但到了一九五三年初，山上墨綠的樹林，忽然開滿了白花，彷彿白雪覆蓋。對於這樣的奇景，當地人的解釋是「這是你們即將離開的癥兆，因為以前二戰末日軍撤離時，山上也是開滿白花」。這樣的說法，一段時間後就傳到了部隊長官耳裡，但奇妙的是，長官也不否認、駁斥這樣的說法。到該年五月，果然開始有中華民國的船艦靠岸，將軍人、軍眷分前後順序運載回臺。然而，俗話說「行百里半九十」，上船並不是這趟返家路的終曲，而是新挑戰的開始。

顛簸來臺路

即便中華民國政府希望船期能錯開雨季，但首艘船艦啟航時，時序已入初夏，東南亞海域已進入颱風季。好幾艘載運留越國軍的船隻，便在途中遇到颱風。女兵章孟卿在六月五日登船，當船隻行駛到菲律賓附近海域時，就遇到颱風，全船的人嘔吐不止，她原想登上甲板透透氣，一開艙門卻差點被迎面而來的大浪捲進海裡。

當身強力壯的軍人都如此艱辛時，帶著老人、小孩的軍眷則更為艱辛。軍眷趙雪雁登艦之時，丈夫已經按規定先登艦前往臺灣。她一個人帶著三個年幼的孩子，留在富國島繼續等待。趙雪雁母子上船後，她們住在船艙的最底層。裹小腳的她，每天都得爬繩索軟梯，到甲板領取食物。且船底到處都是積水，她先設法找了箱子、草席鋪成床，才讓孩子有睡覺、休息的空間。在空間與食物都不足的情況下，不難想像軍眷在渡海途中的飢餓與疲倦。

尷尬的隔閡

留越國軍滿懷希望來到臺灣，編撥到各部隊的過程中，先是經歷了富有爭議性的核階程序。軍官石鑑輝感嘆，軍人都知道在部隊中保留證件的重要性，因為證件關係到身分、權益。然而在兵慌馬亂中，最要緊的是顧全性命，哪還有能力保存證件。他自己有幸在核階的過程中，保全自己少校的軍階，但親眼見證不少人因證件遺失，而失去對應的軍階，或僅有游擊隊經驗的民眾，被誤授過高的軍階。

他們各自到部隊報到後，很多人開始覺得仕途不太順遂，甚至直言臺灣的部隊、長官，對於有留越經歷的他們懷有戒心，擔心他們受到越盟滲透。軍官殷次喬在受國史館訪問時提到，許多隨黃杰回臺的將軍，不是被調離主管職，就是被降職、凍結升遷。他以曾任富國島總管訓處任參謀長的何竹本將軍為例，何將軍回臺後長年擔任副軍長，即便表現優異仍無法升軍長，最後飲恨退休。

但若實際爬梳政府編撥留越國軍的決策過程，則會發現實際的原因與留越國軍的想像有不小的落差。

留越國軍滯留在越南的三年多期間，在臺灣的國軍正接受美軍顧問團的訓練、整編，留越國軍一旦回臺，是否能順利編撥，首先得經過美軍顧問團同意。其次，三年多來留越國軍在軍事訓練上大幅落後在臺軍隊，如何編撥也是一大問題。為此，國防部不僅刻意削減留越國軍的軍官員額，也細緻地將士兵分散到全臺各地，降低素質落差的衝擊。

這樣的政策，顧全了外交、軍事及財政多方面的考量。但對於受削減員額影響的軍官而言，卻是一輩子的疑惑與挫折。

從赴臺到富臺新村

中華民國政府在規畫接運留越國軍來臺時，考量到一九四七年二二八事件後，民眾對於來臺國軍的反彈。擔心多達三萬人的留越國軍一舉登陸，會再引起民眾騷動，因此力求來臺的過程盡量低調。然即便政府事先沙盤推演接運來臺的流程，但由於人數眾多，且需一一檢疫、驗明身分，又加上軍人與軍眷分開接運、安置，因此過程中仍不免有混亂之處。

前面提到的軍眷趙雪雁，與孩子抵達臺灣之後，一家人因為在臺灣人生地不熟，有一段時間與先生根本聯繫不上，也不知道先生到底在哪裡。後來是先生向人打聽，才找到暫時被安置在彰化二林的趙雪雁與孩子。另一名軍眷張效娥和孩子，則在下船後，被暫時安置到基隆的廢棄戲院裡居住，戲院裡環境潮濕，衛生條件也不好，長官視察時，對於她們的處境也感到不忍，設法接濟物資。

經過一番周折後，大部分的軍人、軍眷被分別安置到臺北、桃園、臺中、臺南、臺東的眷村。起初眷村名為「赴臺」新村，後改為富臺新村，既有富強臺灣的意味，也有紀念村民從富國島到臺灣之意。在「赴」與「富」之間，其實更重要的是，他們在流離異國多年之後，終於來到旅途的目的地，求得一個安身立命之處。

留在島上的人

很多留越國軍來到臺灣以後，老年時談到富國島，不免牽掛那些早年在富國島生活，後來因為各種原因，留在富國島上的人們。

當年留越國軍從中國逃到越南、滯留越南三年的過程中，歷經許多危險與困難，如戰亂、疾病、意外等。有人在途中不敵病魔侵襲而死去，也有人雖然順利抵達富國島，卻在海上捕魚、游泳時被鯊魚咬死。但因為眾人能力有限，只好就地安葬。

有些人雖然性命無虞，但因為無法忍受被法軍長期軟禁的痛苦，在滯越期間就離開營區，遁入當地民間。有些則是在登船準備離開時被大浪沖到海上，而只好留在富國島。留在當地的老兵，後來雖能落地生根，但礙於當地的政情，多半低調隱藏自己的身分，但心裡仍掛念著臺灣，之後遇到在富國島工作的臺商，雖然非親非故，但仍感動不已。

來到臺灣的留越國軍，曾分別以官方、民間的名義，至富國島紀念死難的官兵，如黃杰在富國島立的「中華民國留越國軍病故紀念碑」，或如軍官楊蓁在二〇〇一年發起赴越南追思國殤活動，號召同袍、軍眷，前往越南金蘭灣營區附近，遙祭客死異鄉的官兵。

對於留越國軍而言，「回家」是一條漫長又艱辛的路，有些人甚至因此失去性命。這段艱苦的記憶，也成為他們生命共同的印記與認同。

參考書目

黃翔瑜

二〇〇七，〈滯越軍民之接運來臺（一九四九—一九五三）〉，《國史館學術集刊》第十一期，頁一四三—一八八。

二〇〇七，《留越軍民訪談錄（一）》，臺北：國史館。

二〇〇七，《留越軍民訪談錄（二）》，臺北：國史館。

陳家倫

二〇二一，〈富國島最後老兵辭世 生前見到台灣人了卻心願〉，《中央通訊社》，網址：https://www.cna.com.tw/news/firstnews/二〇二一04240034.aspx。

國立新竹生活美學館

二〇二一，〈趙雪雁講述在富國島上船前、船上及下船情形〉，《國家文化記憶庫》，網址：https://memory.culture.tw/Home/Detail?Id=668985&IndexCode=Culture_Media。

二〇二一，〈趙雪雁講述剛到台灣，帶著孩子住在彰化二林營房，後來獨自帶著孩子到台北富台新村〉，《國家文化記憶庫》，網址：https://memory.culture.tw/Home/Detail?Id=668986&IndexCode=Culture_Media。

二〇二一，〈張效娥講述在高雄下船後暫居基隆廢棄戲院，生活可憐〉，《國家文化記憶庫》，網址：https://memory.culture.tw/Home/Detail?Id=668778&IndexCode=Culture_Media。

二〇二一，〈張大鈞講述搭船來台情形〉，《國家文化記憶庫》，網址：https://memory.culture.tw/Home/Detail?Id=669077&IndexCode=Culture_Media。

五、飛到南越的海燕：阮樂化

我們寄居在那異國的水草平原區，命名為「海燕特區」，正像一群海燕，不怕疾風勁雨，我們有勇氣穿梭雷雨閃電中，我們也幫助老實的農夫，除去一切的害蟲，更願與在這築巢的「屋主」相處得友善。

——阮樂化

在一九四九至五〇年間，不少國軍部隊，沿路從中國各地逃往東南沿海，後轉往香港、越南等地，如前面所談的調景嶺、富國島等案例。同時，也有零星、個別的軍人，像是阮樂化神父，在東南亞流離，並試圖為自己和鄉親建立據點，自組軍事組織長期對抗共產黨。

是神父也是軍人

阮樂化（一九〇一－一九九三）原是中國廣東省防城縣（今廣西省防城港市）人。家族世代為天主教徒，他少年時曾先後至馬來西亞、法國攻讀神學院、巴黎大學社會經濟及國際法學系，學成後回到家鄉廣東的教會工作。

阮樂化回鄉不久，很快就遇上中日戰爭爆發，並於一九三九年受中華民國國軍徵召入伍，好不容易等到戰爭結束，想要解甲歸田時，卻又遭遇國共內戰。他只好再度恢復武裝，加入廣東南部的反共游擊隊。

倉促離巢

隨著國民黨戰事失利，共產黨的勢力不斷往南擴張。一九四九年十二月，共產黨軍隊攻入廣東北海市——阮樂化任職教會的所在地，而他的神職人員身分，也使他成為共產黨首要清算的對象。

主張無神論的共軍侵占教會後，拘禁並公開批鬥教會中的神父、修女，之後又逐一漏夜審訊他們。阮樂化在經歷數天不間斷的盤問後，原以為頑強抵抗的自己，即將要被處死，卻沒想到這是共軍的心戰手法，用折磨／釋放的兩面手法摧毀他們的心防，好讓神職人員加入共產黨。

逃出生天的阮樂化，花了一段時間思索此後的去路。他認為若繼續待在中國，只不過免去一時的危險，日後很可能再成為俎上肉。因此趕緊變賣自己的財產，買了一艘小船，在一九五〇年十二月淚別故鄉，與兩名教友由海路逃往越南。

廣東北海市雖距越南北部不遠，但沿途不僅要閃避危險的暗礁，也要隨時提防在海上巡防的中國共軍船隻。當船隻駛近越南沿海，還要再避開越盟（越南共產黨）所控制的港口。還好上天並沒有斷絕阮樂化等人的生路。當他們找到一偏僻處上岸後，遇到附近海岸哨站的法軍，身為天主教徒的法軍，相當同情這位流離失所的神父，因此將他們帶到當地邁柱村中的教堂安置。

他不僅在村子與幼年時教育他的法國籍神父重逢，由故鄉防城港逃到北越的親友，也紛紛前來探望、敘舊。阮樂化也在此時得知，家人受共產黨迫害的噩耗，不僅父親無法承受折磨而病故，三個弟弟也分別被送往勞動營改造、軟禁。逃到此地的同鄉故舊，家中也多有類似的遭遇。

效法摩西

阮樂化認為，自己能從共軍手中幸運逃出，上天必定賦予他更重要的責任。因此他與親友、當地村民商量，設法救出故鄉居民。他們分頭探勘從邁柱到防城港一帶的陸路形勢，以及中越邊界共產黨勢力的活動時間、人力部署，挑選天候較差的夜晚，以夜色掩人耳目，將同鄉一批批帶到越南境內的邁柱村。

阮樂化老家所在的鄰近三村居民雖然很快就逃至邁柱，但隨著逃亡過來的人口一多，也就受到法國殖民政府的注意。法軍原希望將這些難民集中到越北的大城市芒街，日後登記造冊後送回中國，以免中國共產黨勢力竄入境內與難民發生衝突。但當法軍發現難民中有人攜帶武器彈藥，便將他們解除武裝，全部送至海防市的一處政治難民集中營。面積不大的集中營原就有其他從中國逃散過來的難民，加上阮樂化所帶領的，一夕間多達上千人，環境擁擠且骯髒，一旦長期滯留，恐怕染上疾病。

心急如焚的阮樂化幾經斡旋之後，雖取得法軍同意，將同鄉的難民帶離難民營。但馬上又面臨無處可去的窘境，海防市的居民相當不歡迎他們，周遭也沒有無主空地可棲；法國殖民政府雖然對身為神父的阮樂化相當禮遇，但談到難民安置問題，也只能表示愛莫能助。他只好再度鼓起勇氣，要求政府開給他通行證，讓他南下其他地區，尋找棲身之地。

四面楚歌的旅程

阮樂化搭車前往南越的西貢，和周邊的美拖、永隆、芹苴、蓄臻等城市，找尋可能的安身之處。沿路上雖然沃野千里，各處農作物生意盎然，但由於當時越南境內政治情勢相當不穩定，各地有不同派系及越盟擁兵自重，這趟路途因而殺機四伏。

他好不容易度過路上的重重關卡與盤查，抵達各城市，拜會各地天主堂神父，拜託他們帶路、了解當地情勢。神父們卻幾乎不約而同地，告誡他千萬不可以對當地人洩漏反共立場，因為地方上很多貌似平民百姓的人，實際上是共產黨員，萬一被發現，就可能招來殺身之禍。

經由各地神父的嚮導，他發現各地鄉間雖然寬闊，但卻容易被越盟襲擊，而不堪侵擾的鄉間居民，也早就紛紛逃往城市，使得城市更加擁擠，且城市雖看似太平，實際上卻因共產黨滲透各階層而風聲鶴唳。他發現南越已無可發展之處，便決定轉進法屬印度支那的高棉（今柬埔寨）。

築巢於柬埔寨

他在金邊（今柬埔寨首都）教區神父的介紹下，得知柬、越交界附近的仕倫縣（屬柬埔寨），有一個法國公司經營的橡膠園，不僅適合居住、開發，也還未被越南共產黨滲透，暫時安全無虞。阮樂化返回越北與鄉親討論、取得共識後，決定在一九五一年五月從越北帶領近五百名的鄉親前往柬埔寨，在仕倫建立根據地。

他逃離中國後，為了安頓自己與鄉親，在越南境內四處奔走，期間遭遇不同政治勢力的刁難與威脅，再加上中南半島的共產黨勢力不斷滲透、擴散。到了仕倫之後，他安排好大家的生計之後，便馬上規畫自治村的運作模式。

他們先聚集起來，推選出村長、副村長、財務委員等行政人員，負責管理自治村內的公共事務、召集村民大會、訂定生活公約，並指派警衛，處理村中基本治安、警備事務。他有鑑於外界政治情勢的緊張，因此在工作之餘，安排少、青年村民接受軍事訓練及思想教育，強化村民的警戒心與敵我意識。

仕倫孤絕的地理環境，果然為村民們帶來好幾年的太平時光。只是外界的政治情勢變化，並沒有隨著他們的歲月靜好而停滯。一九五四年柬埔寨獨立後，主政者施亞努（Norodom Sihanouk，一九二二—二〇一二）擺盪於美、蘇兩大陣營之間，後選擇靠攏蘇聯，取得蘇聯的經濟與軍事支援。另一方面，法國同年在奠邊府戰役中敗北，在日內瓦與越盟談判，協議以北緯十七度線為界，分為以北由越盟建立的越南民主共和國，以及南邊的由保大帝擔任元首的越南國，形成南、北越分治的情勢。隔年越南國首相吳廷琰取代保大帝，成立越南共和國。這一年兩國的政治情勢轉變，深遠影響阮樂化等人往後的動向。

施亞奴靠攏蘇聯後，雖未與中華民國斷交，但已與中華人民共和國於一九五五年簽訂經濟援助協定，約定於一九五六—五七年間，由中共對柬埔寨提供技術及資金支援。再加上柬埔寨境內的共產黨分子也不斷騷擾華僑社群，要求他們表態支持共產黨。藏身於仕倫橡膠園的阮樂化與村民最終也難以倖免，共產黨不是向他們工作的橡膠公司施壓，不然就是隔三差五地潛入村子襲擊村民。

在金甌重起爐灶

眼看柬埔寨整個社會由下至上都有赤化的可能，阮樂化等人討論未來將何去何從。村中有些長者希望能遷到臺灣，但年輕人則衡量過往已有許多人跟隨中華民國政府遷臺，臺灣這樣的小島恐怕無法再收納新的移民。許多鄉親認為，逃出家鄉後即便飽嚐艱辛，也已在異國立足多年，不如遷至政治意識形態較為友善的越南共和國，另謀生路。

他們打算遷走的那年（一九五七），適逢遠東區聖母大會於西貢舉行。阮樂化在該會上經由總主教于斌的引介，得以會晤越南共和國總統吳廷琰，向吳請求讓村民遷入越南。吳廷琰樂見村民遷入，並提出三個可能的地點——芽莊、富國島、金甌省南部沼澤地帶，讓阮樂化選擇。阮樂化打聽三地情勢後，發現芽莊已另有華僑前往開發，而富國島則土地貧瘠、形勢孤絕，因而選擇了傳聞中「水草豐美」金甌省南部。

柬埔寨政府對於村民申請離境之事多所刁難，不是藉由各種理由索賄，就是故意要求阮樂化透過中華人民共和國使館辦理手續。待他排除萬難，帶領村民抵達金甌省南部時，已是一九五九年三月。

血戰的海燕

當他們歷盡千辛萬苦抵達目的地時，發現這個地方雖然如傳聞所說水草豐美，但舉目望去是大片未開墾的荒地、沼澤，還有數量驚人的蚊蟲。更重要的是，他們來到這裡時，已難以像當初轉進柬埔寨時那樣自外於時局。南北越分治後，最南部的平原沼澤地區，因為人口稠密，是越共首要的攻擊目標。他們遷入幾個月之後，就遭遇殘酷且血腥的威嚇。

他們遷至金甌的同年十月底，越南共和國舉行國會議員選舉，全村的村民乘船出外投票。越共趁隙潛入村中，殺死一名孩童，將屍體懸吊於屋簷，並留下告示，恫嚇村民若繼續為南越政府做事，下場將如這名孩童。

當大家回到村子，見狀悲憤不已。眾人商討之後，認知到自己應已退無可退，因此一致決定力戰越共到底，並請阮樂化為代表，與政府交涉，請求派發武器、同意將此區武裝化。總統吳廷琰原先相當質疑村民的能力與決心，阮樂化強調村民們在異國漂泊多年，如今已無退路，只能拿起武器，奮力一搏，這才說服吳廷琰同意將村子編為軍事特區，並採納阮樂化的建議，命名為海燕特區，任命阮樂化擔任指揮官。

海燕特區設立以後，居民在顧及日常耕作、生計的前提下，同時參與軍事訓練，奮勇抵抗如潮水般襲來的越共。他們有組織地生產、禦敵，吸引不少其他地區的華僑前來投靠，使得陣容更具規模，甚至受到美軍的援助及技術交流。到一九六四年，海燕特區已經從當初的荒野、沼澤，拓展成七百多平方公里的村莊及軍事基地。阮樂化也在那一年，分別獲頒越南保國勳章、菲律賓麥格賽賽獎，肯定他對於越南社會、政治的貢獻。

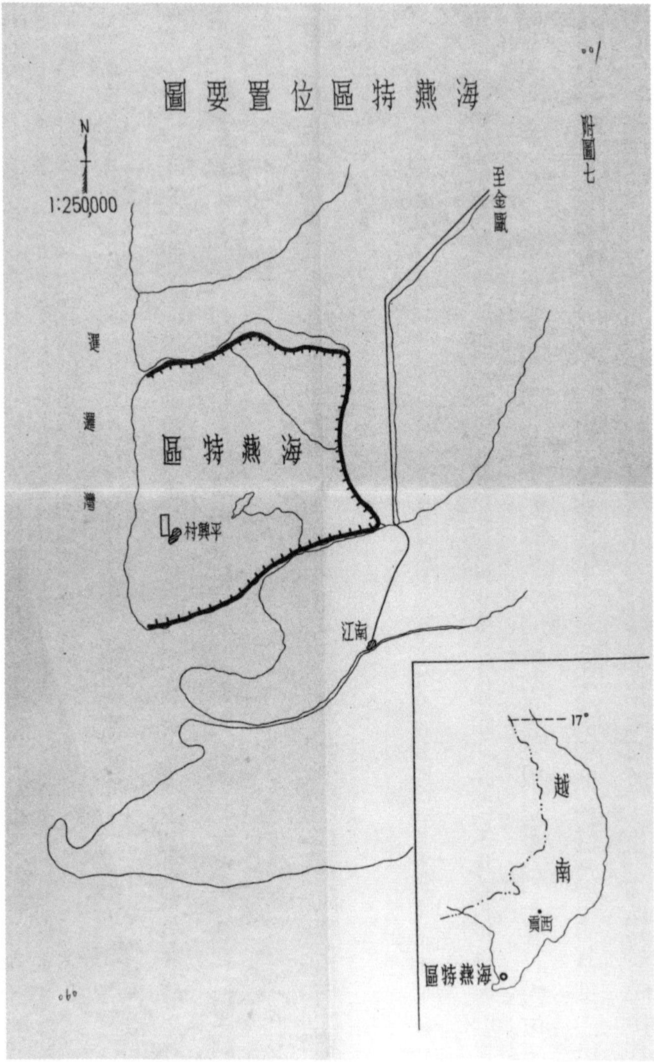

海燕特區位置圖。（圖片來源：國史館。典藏號：005-010100-00024-001。解密文號：總統府機要室一〇一年八月一日華總機一字第10110057140號書函註銷密等）

鎩羽落腳臺灣

吳廷琰主政後的越南共和國，長年與北越交戰。國內也因宗教問題紛擾不斷，最終在一九六三年釀成軍事政變，並使吳廷琰及其弟吳廷瑈被政變的楊文明陣營槍殺身亡。阮樂化也在不久後被解除指揮官一職，但他仍不放棄反共的工作，只是將戰場轉至文教事業，在西貢、海燕特區兩地經營學校、報社。即便越南共和國的政局日益混亂，他仍不改初衷。

一九七二年，他更向中華民國申請參選海外地區中央立法委員，並於隔年當選。在此同時，戰爭情勢對越南共和國也越來越不利。美國由於長期投入大量人力介入越戰，引起國內反彈，一九七三年南北越政府、美國三方簽署《巴黎和平協約》，一九七五年越共攻占西貢，越南共和國滅亡。阮樂化最後選擇遷至臺灣落腳，度過餘生。

他來到臺灣以後，在南北越統一時，以立委的身分，為數以千計的越南僑生作保，協助僑生遷往臺灣就學、定居，免於越南共產黨的統治，可說是保護越南華僑至最後一刻。但從其自傳《海角丹心》中可以看到，長年在越南經營反共事業的他，面對越南共和國的滅亡，不免有「孤臣無力可回天」的落寞。

★**越南移民**

一九七五年，越南民主共和國（北越）打敗南方的越南共和國，許多不願受越南民主共和國統治的越南人、華僑紛紛跳上船隻，航向未知的路途。其中，有些後來落腳在香港，有些則在中華民國及來臺華僑的協助下，被安置於今澎湖、高雄九曲堂、臺北木柵、內湖、新北土城等地，或之後轉往其他國家。從口述歷史資料與報導顯示，過往有富國島經驗的越南華僑，以及在金甌海燕特區的阮樂化神父，在這段期間都曾協助安置越南難民。

與同樣從東南亞來到臺灣的泰緬華僑相比，在臺灣社會幾乎鮮有人知道這些越南移民的經歷，甚至經常會與近年的移工、新移民相混淆。

★**南海血書與澎湖越南難民營**

一九七八年底，美國宣布與中華人民共和國建交後不久，臺灣《中央日報》

刊載一篇署名「阮天仇」的長篇「血書」（後稱〈南海血書〉），控訴南越因美國的背棄而亡國，使難民漂流荒島，不得不互食人肉求生的慘況。這篇文章在當時臺灣社會相當轟動，甚至一度成為教科書課文。但由於內容多所矛盾，在二〇〇〇年代被證實為國民黨政府為操弄社會反美情緒而虛構的文本。

然細究當時的政治和社會脈絡，〈南海血書〉的轟動其來有自。自一九七五年南、北越統一後，許多難民乘船逃離越南，船隻航向東亞各地，在漫長的航程中，難民因缺乏食物、飲水，確實發生過吃人肉的慘案。臺灣也曾在一九七七至一九八八年間，在澎湖西嶼、白沙設立兩處難民營，收容兩千多名越南難民。

參考書目

〈反共英雄 主之信徒 訪阮樂化神父談越南海燕特區〉，《聯合報》，一九六四年十一月二十二日，二版。

〈游擊戰鬥的反共英雄 越南阮樂化神父〉，《聯合報》，一九六四年八月十五日，二版。

〈僑選增額立委阮樂化遴選案〉，《僑務委員會》，國史館藏，數位典藏號：033-020200-0047。

小倉貞男著，林巍翰譯

二〇二〇，《半島之龍：越南脫離中國，追求自由與認同的原動》，臺北：八旗文化。

阮日宣

一九六四，〈祖國何日早春？〉，《聯合報》，一九六四年十二月二十三日，七版。

阮樂化

一九七五，《海角丹心》，臺北：作者。

邱家宜
二〇一九，〈台灣戒嚴時期的「假新聞」：〈南海血書〉案例〉，《傳播文化與政治》第九期，頁一—三〇。
陳鴻瑜
二〇一九，《柬埔寨史》，臺北：獨立作家，二版。
黃文鈴
二〇二二，《誰是外來者：在德國、臺灣之間，獨立記者的跨國越南難民探尋》，臺北：聯經出版。
鄭永常
二〇二一，《越南史：堅毅不屈的半島之龍》，臺北：三民書局。
蘇玉珍
二〇一三，〈越南海燕特區的故事　風蕭蕭兮易水寒　壯士一去不復返〉，《僑協雜誌》第一四二期，頁五五—六〇。
黃瑾瑜著，張正、劉吉雄、廖雲章整理
二〇一三，〈漫漫天涯路：臺灣戰後越南難民史見證者黃瑾瑜〉，《傳記文學》第一〇三卷第四期，頁七〇—七四。

劉吉雄

二〇一七，〈【難民船上的人】台灣應該記得，自己也曾協助過難民〉，《獨立評論》，網址：https://opinion.cw.com.tw/blog/profile/345/article/5256。

劉盈孜

二〇一九，〈原來我們這麼近：散居在木柵的東南亞移民〉，《村落之聲》，網址：https://www.villagetaipei.net/Post?PId=14765。

六、時勢造英雄：
韓戰「反共義士」的興迭

一九五四年一月二十三日起至六月間，有多達一萬四千多人的韓戰戰俘，在全臺熱切歡迎和期待下，離開韓國，踏上臺灣的土地。這些戰俘是中華人民共和國中國人民志願軍在參與韓戰過程中，被聯合國軍隊所俘虜的士兵。對於才剛撤臺沒幾年、士氣低迷的中華民國政府而言，這群選擇投奔「自由」的軍人，正好響應政府的反共政策，而被譽為「反共義士」。早在他們來臺的數個月之前，臺灣媒體已開始向民眾介紹「反共義士」在韓國的處境及政治意向。

然而，在喧囂的宣傳活動背後，很多人並不知道反共義士決定來臺的原因，一如他們的組成一樣複雜。在義士、英雄的光環底下，藏有許多被迫離散的故事。

流轉於不同陣營的俘虜

反共義士來臺之後，政府曾對他們的籍貫、經歷進行調查。他們的籍貫遍布中國各省，但也有少數來自臺灣（參見本書〈搖身一變成為反共明星〉）。而從經歷來看，其中有高達九千二百三十四人曾為國民黨軍人。換句話說，這群人在國共內戰中，被共軍俘虜後又再被編入中國人民志願軍，前往韓國作戰，並再度成為聯合國軍俘虜。

以一九二九年出生於山西太原的荀樹德為例，他十九歲時被國民黨抓到六十六師當兵。入伍不久，共產黨軍隊攻打太原，被共軍俘虜並編入十九軍團，隨共軍前往西安、蘭州、寧夏等地作戰。在寧夏時適逢韓戰爆發，共產黨直接宣布其部隊為志願軍，轉往韓國。荀樹德想起這段往事，無奈地說：「其實只是改個名稱罷了。到韓國哪還有什麼感覺，作為軍人根本沒有個人的意志，逼你吃任何東西，你也得吃！你不走，你也得走！」雖說是「志願」軍，但實際上這時期的中國軍人，大多數就跟荀樹德一樣，個人的命運與作戰對象，在大時代的風暴中隨風飄蕩。

黑暗與死亡的行軍

受命前往韓國的中國人民志願軍，為了躲避美軍在中韓邊界的空襲，一律在夜間行軍、運輸補給品。各部隊在黑暗寒冷的東北山區行走，也大幅提高士兵落單、兵力分散的風險。一九三四年出生的山東籍義士劉思英，加入志願軍時才十六、七歲，受過短暫的訓練後就隨著軍隊前往韓國。他老年時回想起那段路途，落單的恐懼仍記憶猶新，最後他也是因為落單，而被美軍俘虜。

即便沒有落單，軍隊因補給不及所引起的飢餓，也會隨時取走眾人的性命。當時志願軍每人大約攜帶五到六天的乾糧炒麵。這裡所說的「炒麵」並不是一般所認知的油炒麵條，而是由黃豆粉、玉米粉混和，乾炒而成的乾糧。士兵餓了就拿出炒麵和水吃下，吃完了再由部隊補給。

美軍很快就識破中國志願軍的戰略，不僅改以照明彈、詭雷等武器逼出志願軍的行蹤。且以誘敵戰術，引誘志願軍進攻，算準日程，估計志願軍糧食差不多耗盡時，再切斷其補給，並轉頭進攻。

出身安東省（今遼寧省）的馬羣耕（化名）與部隊在漢城（今首爾）南方陷入苦

戰時，見證了地獄般的情景。他在撤退的路上看到很多士兵抱著槍，看似安穩地坐在地上，十分突兀。他好奇靠近一看，沒想到這些人早已全沒了氣息。他的長官告訴他，這些人都是餓死的、累死的，一旦開始覺得肚子餓、乏力，坐下之後就再也沒有站起來的機會。

已經餓了兩天的馬羣耕，很快就體會這些亡者死前的感受。那天深夜他原想和同路的長官在路上暫時歇息，沒想到一坐下就全身乏力。「馬參謀，我知道你餓到沒有力氣了，也走不動了，但是你千萬不能躺下，你躺下之後就完了。」長官在情急之下，趕緊拿出僅存的一點糧食和水給他吃，才把他從鬼門關前拉回來，並繼續逃亡。

他們逃了一天之後，夜裡又在一個山溝旁看到志願軍遭遇美軍猛烈的攻勢。在黑暗中馬羣耕聽到許多人被砲彈炸傷後，在山溝裡哀嚎，央求還有活動能力的人幫他們補上一槍。一九五一年五月，他終於在彈盡援絕的狀態下，向美軍投降。

向左轉或向右轉

志願軍被帶到戰俘營之後，會先換上印有P. W.（Prisoner of War）及編號的衣服。戰俘營中的飲食條件不太好，所有人的印象都是吃不飽，每餐半碗飯，再配上少許豆芽、蘿蔔煮成的清湯。有人認為，這是聯合國軍管理戰俘的策略，讓戰俘維持在吃不飽、餓不死的狀態，就不會有精力在戰俘營中鬧事。然而眾人未定的前途、政治意識形態的分歧，始終是戰俘營中爭端的來源。

很多戰俘在離開中國前，已經見過共產黨鬥爭異己的手段，擔心未來若遣返中國，恐將再被清算，因此希望前往中華民國所在的臺灣。另一方面，美蘇雙方對於如何處置戰俘，也始終僵持不下。在韓戰三年多的時間裡，最激烈的戰事主要在第一年，之後有大半時間，在協調是否依戰俘意願安排去路的問題。僵持的局勢，直到一九五三年蘇聯史達林過世後，才有所改變，共產陣營終於認可聯合國軍提出的志願遣俘原則。

戰俘在等待遣返的過程中，也因為政治認同問題而鬥爭不斷。像是被聯合國軍選為警備隊的戰俘，與其說是管理戰俘營的秩序，不如說是在營中監控、虐待親共的戰俘。一九五二年四月起，當聯合國軍根據志願遣俘原則甄別戰俘遣返意向時，營中的虐殺事件也達到高峰。

戰俘即便沒有被虐殺，也在營中留下難以抹滅的烙印。許多人為了前往臺灣，不僅自發在身上刺上反共圖騰、標語，也動員他人一同刺青。許多戰俘晚年欲返鄉探親時，想起家鄉的政治情勢，不是躊躇不前，不然就是花錢設法將刺青消去。

義士的難處

在等待遣返期間，有些受過高等教育的戰俘，則面臨另一項生死挑戰，即擔任聯合國軍的情報員，前往敵區偵察情勢。如念過軍校的文健友、馬羣耕，被俘之後先是在營區內擔任翻譯，之後就被聯合國軍選任為情報員。

擔任情報員的戰俘，必須以跳機、步行、乘船由海岸登陸等方式，進入敵區，記錄當地軍事部署後回報聯合國軍。這個任務可說是九死一生，跳機、海岸登陸者，經常在一登陸時就被擊斃，或上岸誤觸地雷。步行雖然最安全，但沿途必須設法避開兩陣營的軍隊，以免被洩露祕密或被誤殺。但即便知道任務危險，戰俘也幾乎沒有拒絕的權利，馬羣耕就曾經看過一名堅持拒絕出任務的戰俘人間蒸發。

起先聯合國軍並沒有告知戰俘任務的期限與次數，一次次身歷險境，對戰俘們而言都是生不如死。後來因戰俘的強烈抗議，加上板門店談判結束，這些擔任情報員的戰俘終於結束任務，被遣返至臺灣。

諜影幢幢

戰俘歷盡千辛萬苦，來到一心嚮往的自由中國臺灣之後，原以為可以就此安身立命。但他們沒想過政府對他們的共軍經歷仍心存芥蒂，因此在一九五四年三、四月間，下令要來臺的戰俘宣示脫離共產黨。出身於山西的趙英魁，當時認為自己雖然身在共軍，但沒有加入共產黨，且擔心一旦辦理手續，就會被列管、監視。因而決定置之不理，這個決定卻讓他在一年多後遭遇牢獄之災。

一九五五年三月，趙英魁在部隊中忽然被逮捕。被捕後，審訊者才告訴他，有人舉報他和戰俘營裡結拜的兄弟是匪諜，意圖謀畫躲到阿里山上建立游擊隊。即便他向審訊者極力澄清自己的經歷，但對方礙於業績壓力，便將他與結拜兄弟以意圖叛亂、顛覆政府之罪名起訴和判刑，直到一九六五年才出獄。

尋找沒有戰爭的家

韓戰期間，中國國民黨曾派人至韓國向戰俘宣傳，若戰俘選擇遣返至中華民國，來臺後將可以自由選擇職業。但等到戰俘來臺，才發現只有少數的老弱殘兵得以離開部隊。大多數人被安置在大湖、下湖、楊梅的「義士村」後，發現自己又將被政府編發到各部隊，準備反攻大陸。有人無法接受這樣的安排，因而逃營或自殺。

有些人則在無可奈何之下，再被政府派遣到一江山、大陳島、金門、滇緬等戰場。他們被迫捲入時代的浪濤，流轉於不同陣營之間。來臺之後，表面上義士的身分雖然風光，但實際上他們複雜的經歷不僅無法被理解，也成為被社會、政府猜忌的理由。但對於他們來說，奮力出生入死，為的恐怕不是民族大義的號召，而是為了尋找一個沒有戰爭的家。

★反共義士

中華民國政府將韓戰一萬四千多名的來臺戰俘，包裝為「反共義士」，並大肆宣傳。往後其他由中國逃往臺灣的難民，也被臺灣媒體冠上此稱號，並受到高度關注。特別是一九六〇年代駕軍機來臺的飛行員、一九八〇年代劫民航機來臺的劫機犯。但隨著兩岸政治情勢變化，臺灣社會對於「反共義士」的關注也逐漸淡化。

★一二三自由日

為紀念戰俘從韓國歸來之日，中華民國政府將一月二十三日訂為自由日。在當時的政治宣傳下，自由日象徵自由勝利與三民主義。一九五四年一月自由日前夕，報紙大肆宣傳一名兒童隨口唸出的童謠：「一二三，到臺灣，臺灣有座阿里山；阿里山，有神木，明年一定回大陸。」不難看出此節日與反共抗俄的政治宣傳緊密相關。在一九五〇、六〇年代，許多反共陣營國家響應這個節日，並於一九六七年在世界反共聯盟大會被訂為「世界自由日」。

參考書目

幼者，〈石壽年的故事〉，《金門日報》，二〇〇八年八月十九日，網址：https://www.kmdn.gov.tw/1117/1271/1274/48696/h?cprint=pt。

沈幸儀

二〇〇八，〈「反共義士」的傳承與消失〉，《傳記文學》第九十三卷第一期，頁三七—四八。

二〇一三，《一萬四千個證人：韓戰時期「反共義士」之研究》，臺北：國史館。

周琇環

二〇一〇，〈韓戰期間志願遣俘原則之議定（一九五〇—一九五三）〉，《國史館館刊》第二十四期，頁四五—八八。

周琇環、張世瑛、馬國正訪問；周維朋記錄
二〇一三，《韓戰反共義士訪談錄》，臺北：國史館。

常成
二〇一六，〈「新中國」的叛逃者：韓戰反共戰俘的生死逃亡路，一九五〇—一九五四〉，《漢學研究》第三十四卷第二期，頁二四五—二八〇。

常成訪問，常成、李抗記錄
二〇一三，〈張一夫先生訪問記錄〉，《口述歷史》第十三期，頁一二一—一五二。

黃克武
二〇〇〇，〈一二三自由日：從一個節日的演變看當代臺灣反共神話的興衰〉，何智霖編，《一九四九年：中國的關鍵年代學術研討會論文集》，臺北：國史館，頁六四三—六七八。

劉吉雄
二〇一六，〈趙英魁先生口述歷史影像紀錄先期計畫〉，臺北：國家人權博物館籌備處。

人文 39

在東亞跨界流離的人生：老兵的臺灣史

作　　者　許仟慈　楊雅蓉　郭立媛　許雅玲
主　　編　林玉茹　許蕙玟
責任編輯　林秀梅

版　　權　吳玲緯　楊　靜
行　　銷　闕志勳　吳宇軒　余一霞
業　　務　李再星　李振東　陳美燕
副總編輯　林秀梅
編輯總監　劉麗真
事業群總經理　謝至平
發 行 人　何飛鵬

出　　版　麥田出版
台北市南港區昆陽街16號4樓
電話：886-2-25000888　傳真：886-2-25001951
發　　行　英屬蓋曼群島商家庭傳媒股份有限公司城邦分公司
台北市南港區昆陽街16號8樓
客服專線：02-25007718；25007719
24小時傳真專線：02-25001990；25001991
服務時間：週一至週五上午09:30-12:00；下午13:30-17:00
劃撥帳號：19863813 戶名：書虫股份有限公司
讀者服務信箱：service@readingclub.com.tw
城邦網址：http://www.cite.com.tw
麥田部落格：http://ryefield.pixnet.net/blog
麥田出版Facebook：https://www.facebook.com/RyeField.Cite/

香港發行所　城邦（香港）出版集團有限公司
香港九龍九龍城土瓜灣道86號順聯工業大廈6樓A室
電話：852-25086231　傳真：852-25789337
電子信箱：hkcite@biznetvigator.com

馬新發行所　城邦（馬新）出版集團
Cite（M）Sdn. Bhd.（458372U）
41, Jalan Radin Anum, Bandar Baru Seri Petaling,
57000 Kuala Lumpur, Malaysia.
電話：+6(03)-90563833　傳真：+6(03)-90576622
電子信箱：services@cite.my

印　　刷　沐春行銷創意有限公司
排　　版　宸遠彩藝有限公司
書封設計　莊謹銘

初版一刷　2025年1月17日

定價／499元
ISBN：978-626-310-796-0
9786263107946（EPUB）

國家圖書館出版品預行編目資料

在東亞跨界流離的人生：老兵的臺灣史/許仟慈, 楊雅蓉, 郭立媛, 許雅玲著. -- 初版. -- 臺北市 : 麥田出版 : 英屬蓋曼群島商家庭傳媒股份有限公司城邦分公司發行, 2025.01
面；　公分. --（人文；39）
ISBN 978-626-310-796-0(平裝)

1. CST: 近代史　2. CST: 臺灣史

733.28　　113016740